Das kleine Handbuch der Rhetorik 2100

Geschicktes Nudging

Das versteckte Anschubsen

Horst Hanisch

© Zweite Auflage: 2019 by Horst Hanisch, Bonn

© Erste Auflage: 2017 by Horst Hanisch, Bonn

Bibliografische Information der Deutschen Nationalbibliothek: Die Deutsche Nationalbibliothek verzeichnet diese Publikation in der Deutschen Nationalbibliografie; detaillierte bibliografische Daten sind im Internet über dnb.dnb.de abrufbar.

Der Text dieses Buches entspricht der neuen deutschen Rechtschreibung.

Aus Gründen der einfacheren Lesbarkeit wird auf das geschlechtsneutrale Differenzieren, zum Beispiel Mitarbeiter/Mitarbeiterin weitestgehend verzichtet. Entsprechende Begriffe gelten im Sinne der Gleichbehandlung für alle Geschlechter.

Idee und Entwurf: Horst Hanisch, Bonn

Lektorat: Alfred Hanisch, Bonn; Annelie Möskes, Bornheim

Buchsatz: Guido Lokietek, Aachen; Horst Hanisch, Bonn

Umschlag: Christian Spatz, engine-productions, Köln; Horst Hanisch, Bonn

Zeichnungen: Horst Hanisch, Bonn

Herstellung und Verlag: BOD – Books on Demand GmbH, Norderstedt

ISBN: 978-3-7448-3972-3

Das kleine Handbuch der Rhetorik ²¹⁰⁰

Geschicktes Nudging
Das versteckte Anschubsen

Inhaltsverzeichnis

Einleitung

„Das versteckte Anschubsen"

Wer handelt schon gerne unter Zwang oder unter der Anweisung „Sie müssen ...". Kein Wunder, wenn sich schnell Demotivation, Frust oder eine ‚innere' Kündigung einstellt.

In den 90er Jahren kam einer auf die Idee, im Amsterdamer Flughafen Schiphol das Bild einer Fliege in ein Urinal zu kleben.

Das Ziel war, Verschmutzung durch Spritzer zu reduzieren. Und – es klappte. Angeblich sank die Verschmutzung auf dem Boden um 80 Prozent.

Offensichtlich hat sich hier im Manne der Jäger-Instinkt gezeigt. Ohne Überlegung versuchte er, die Fliege ‚abzuschießen'. Mit Erfolg. Und der Erfolg zeigte sich auch im geringeren Reinigungsaufwand. Das Ziel war erreicht und keiner wusste so genau, wie das kam.

Es gab kein Verbot, kein „Sie müssen ...", keine Drohung. Der Erfolg war messbar – und zwar ohne sichtbaren Zwang erreicht.

Diese Vorgehensweise wird als ‚anschubsen' oder mit dem englischen Begriff als ‚nudging' bezeichnet.

Wäre es nicht toll, ließe sich nicht durch ein Anschubsen relativ leicht ein gewünschtes Ziel erreichen?

Möglicherweise sogar mit einem gewissen ‚Lustempfinden' versehen, da der Angeschubste mit gewisser Freude das macht, was Sie wollen?

Dem Staat wird unterstellt, libertären Paternalismus zu praktizieren, um das ‚entscheidungsschwache' Volk in seinem Wohlbefinden zu unterstützen. Ist das gut so?

Lernen Sie, wie Nudging umzusetzen ist und überlegen Sie, ob Sie diese Methode im gesellschaftlichen wie im beruflichen Leben einsetzen wollen. Geben Sie sich einen Schubs!

Praxisnah, zeitgemäß und kompakt. Das sind drei interne Vorgaben für unsere Rhetorik-Ratgeber. In unserer Reihe der kleinen Rhetorik-Handbücher wird jeweils ein wesentlicher Teil aus dem umfangreichen Bereich der Rhetorik kompakt vorgestellt.

Die Themenbereiche sind beispielsweise den Büchern ,Das große Buch der Rhetorik [2100] oder ,Trickreiche Rhetorik [2100] vom selben Autor entnommen.

Die Zahl 2100 steht dabei für das 21. Jahrhundert, was die Aktualität der Themen unterstreicht. Diese entsprechen den heutigen Anforderungen im beruflichen Umgang miteinander.

Im vorliegenden Ratgeber „Rhetorik – Geschicktes Nudging" wird schwerpunktmäßig auf folgende Themen eingegangen:

- Gefärbte Entscheidungsfindung
- Nudging im zwischenmenschlichen Bereich
- Der sichtbare und der unsichtbare Weg

Viel Erfolg bei der Vertiefung bestehenden Wissens und erfolgreichen Einsatz im Berufsleben.

Teil 1 – Gefärbte Entscheidungsfindung

Gefärbte Entscheidungsfindung

Die Fliege im Urinal

Betrachten wir noch einmal die Idee, im Amsterdamer Flughafen Schiphol das Bild einer Fliege in ein Urinal zu kleben.

Das gesetzte Ziel war, Verschmutzung der WC-Anlagen durch ‚fehlgeleitete' Spritzer deutlich zu reduzieren.

Jagd-Instinkt

Wir wissen, dass es funktioniert. Weshalb ist das so? Hat sich hier wirklich der Jagd-Instinkt des Mannes gezeigt, wie angenommen wird? Und was ist mit den Frauen?

Liegt es in der Natur des Menschen, das Herausragende, das Einzelne, das Hervorstechende ‚abzuschießen'?

Den Baum abschießen

Ist das mit ein Grund, weshalb auf Alleen immer wieder Autos von der Straße abkommen und direkt und mit voller Wucht gegen einen Baum prallen? Zwischen den Bäumen gibt es doch viel mehr Platz, das fehlgeleitete Fahrzeug stranden zu lassen.

Ist der unglückliche Fahrer auf den Baum regelrecht fixiert? Hat die Natur es eingerichtet, regelrecht auf ein Ziel ‚zuzurasen'? Will der Fahrer den Baum ‚abschießen'?

Nun, wir wissen es nicht. Wir wissen nur, dass es in der Regel ungewollt klappt.

Und bei der Fliege im Pissoir trifft der Mensch nachgewiesenermaßen sowieso.

Die rosa Brille

In diesem Teil des Handbuchs werden wir auf die ‚gefärbte' Entscheidungsfindung eingehen. Gefärbt ist entliehen aus dem Bild der ‚rosafarbenen' Brille. Etwas mit anderen Augen zu betrachten – und dann auch in anderer Richtung zu handeln.

Es wird etwas anders wahrgenommen, als es die objektive Wahrheit behaupten würde.

Selbst oder fremd entscheiden?

Das Handeln muss entschieden werden. Das Individuum ist davon überzeugt, selbst und frei zu beeinflussen, wie und wann entschieden wird. „Ich weiß, was ich mache und ich weiß, welche Entscheidungen ich treffe."

Nein, bedauerlicherweise ist das nicht so, was ja bereits die kleine, unschuldige Fliege im Urinal zeigt.

Der Einzelne denkt, er wolle die Fliege abschießen. Tatsächlich sorgt jemand anderes dafür, dass er genau das tue.

Also entscheidet jemand oder etwas anderes für das Individuum? Tatsächlich liegt anscheinend keine eigene Entscheidung mehr vor. Werde ich wirklich so oft fremd-bestimmt?

Handelt es sich aufgrund der Fremdbestimmtheit um Manipulation?

Das werden wir überlegen.

Außerdem: In wieweit grenzt sich Manipulation vom Nudging und von der Beeinflussung ab? Und was bedeutet Nudging überhaupt?

Im letztgenannten Fall wird von ‚Anschubsen' gesprochen.

Es werden Beispiele gezeigt, wo und wie Nudging bereits eingesetzt wird, ohne dass der Einzelne dieses als solches wahrnimmt.

Lustempfinden

Schließlich kommt noch der Gedanke des Lustempfindens dazu.

Also bereitet Nudging vielleicht sogar ein lustvolles Handeln? Dem wäre wohl noch weniger etwas entgegenzusetzen, oder?

Liebe Leserin, lieber Leser, fühlen Sie sich angeschubst, die folgenden Kapitel zu lesen und gewünschte Vorteile daraus zu ziehen.

Archaisches Verhalten

Hätte das mit der Fliege mal ein Wohnungsvermieter gewusst, hätte er nicht vor Gericht eine peinliche Klage verloren.

Das Gericht hatte das archaische Verhalten des männlichen Mieters geschützt.

Im Stehen urinieren

Dieser bevorzugte es, in seinem Badezimmer im Stehen zu urinieren. Spritzer gelangten dabei regelmäßig auf den empfindlichen Marmorboden unter der WC-Schüssel.

Durch das jahrelange Bespritzen mit Urin war ein nicht reparabler Schaden am Marmorboden entstanden.

Beim Auszug des Mieters wollte der Vermieter einen 4-stelligen Betrag von der Kaution einbehalten, um den Boden auszutauschen.

Der Mieter klagte dagegen und bekam Recht.

Dumm für den Vermieter: Laut Gericht hätte er den Mieter zu Beginn des Mietverhältnisses auf den empfindlichen Marmorboden hinweisen müssen.

Oder – er hätte eine Fliege im Becken anbringen sollen.

Fußballtor

Alternativ, aber mit demselben Ziel zur Vermeidung von Spritzern, finden sich in einigen Urinalen Fußballtore mit aufgehängtem Fußball wieder.

Viele Männer sind begeistert vom Fußball.

Lustigerweise versucht die Mehrzahl der Männer den Ball zu treffen, um diesen durch den gezielten Strahl ins Tor zu befördern. Getroffen? Tor! Wunderbar!

Der Strahl wird gelenkt, kein Spritzer geht daneben. Die Kacheln an der Wand und am Boden bleiben sauber. Ziel erreicht.

Es gelingt, ohne ein unschönes Verbot auszusprechen oder ein Verbot zu formulieren.

Der Wandbecken- oder Toilettenbenutzer handelt ‚lustvoll‘, so wie gewünscht.

Abgrenzung Nudging, Manipulation, Beeinflussung

Treffen zwei Menschen aufeinander, um miteinander zu kommunizieren, versuchen sie sich bewusst und unbewusst gegenseitig von ihren eigenen Ideen zu überzeugen – stets und dauernd!

Dagegen wird grundsätzlich kaum einer etwas einzuwenden haben, gehört doch zum zwischenmenschlichen Miteinander, sich auszutauschen, zu befragen und zu informieren.

Einer will sich mitteilen – der andere auch. So ergibt sich die Kommunikation.

Allerdings: sobald einer einen tollen Vorschlag oder eine klasse Idee hat, will er sein Gegenüber überzeugen zuzustimmen.

Daraus folgt: Einer will den anderen mit seinen Argumenten übertreffen. Jeder will (rhetorisch) gewinnen.

Aber wie ist das nun mit der Abgrenzung?

Sie werden in diesem Handbuch sehen, wie unglaublich sensibel die Abgrenzung zwischen Manipulation und Nudging erscheint.

Mit sensibel ist gemeint, dass hier sozusagen auf Messers Schneide agiert wird. Ein Schritt daneben, schon sind Sie im anderen Bereich.

Auch zwischen Beeinflussung und Manipulation zu unterscheiden ist schwierig, obwohl es Unterschiede gibt.

Betrachten wir die drei Möglichkeiten der Einflussnahme.

Einflussnahme 1: Beeinflussung

Der Beeinflussende übt keinen bewussten Einfluss auf den Beeinflussten aus.

Er ist sich der Beeinflussung nicht bewusst.

Der Beeinflusste nimmt meist unbewusst die Beeinflussung wahr. Er verhält sich entsprechend der Beeinflussung.

Es kann ein Einzelner oder eine Gruppe von Menschen beeinflusst werden (zum Beispiel ein Passant auf der Straße oder vor dem TV oder Zuschauer in einer Show).

Beispiel:

Der Star trägt eine bestimmte Frisur.

Der Fan findet diese schön und lässt sich die gleiche Frisur schneiden.

Dem Star ist es gleichgültig, ob einer seiner Fans eine Frisur wie er selbst trägt.

Der Beeinflussende hat keinen Vorteil durch die Beeinflussung.

Beeinflussung der Kinder

Betrachten wir Eltern, die ihren Kindern ein bestimmtes Verhalten vorleben. Wenn sie zum Beispiel ihre Kinder ausreden lassen und ihnen aktiv zuhören, ist solch eine Situation erkennbar.

Die Kinder werden sich diesem Verhaltensmuster anpassen. In der Regel unbewusst.

Hier liegt keine Manipulation durch die Eltern vor. Dabei lässt sich nicht mehr von Manipulation sprechen, sondern von Beeinflussung.

Ausnahme: Es sei denn, sie leben dieses Verhalten absichtlich vor.

Oder, noch deutlicher, Sie sehen in der Fußgängerpassage einen Passanten, der ein schickes Kleidungsstück trägt.

Es gefällt Ihnen. Sie sagen oder denken „So etwas will ich auch haben."

Hier haben wir einen deutlichen Fall von Beeinflussung.

Der Passant hatte nicht die Absicht Sie dazu zu bringen, ein gleiches Kleidungsstück zu kaufen.

Menschen lassen sich leicht beeinflussen, da sie andere beneiden oder kopieren wollen.

Beeinflussung erfolgt unbewusst

Daraus lässt sich abgrenzen, dass die Beeinflussung durch den Beeinflussenden unbewusst erfolgt.

In der Regel weiß er gar nicht, dass andere veranlasst werden, nun zu handeln (zum Beispiel ein Kleidungsstück zu kaufen). Idole beeinflussen zwangsläufig mehr, <u>weil</u> sie Vorbilder sind.

Einflussnahme 2: Manipulation

Der Manipulie-
rende übt be-
wussten Einfluss
auf den Manipu-
lierten aus.

Er ist sich der
Manipulation be-
wusst.

Die Zielgruppe beziehungsweise Zielperson ist entweder
ein dem Manipulieren bekannter Einzelner oder eine
ganz bestimmte Gruppe (beispielsweise alle 29- bis 39-
jährigen Frauen mit einem Mindesteinkommen von XX
Euro).

Der Manipulierte nimmt die Manipulation bewusst oder
unbewusst wahr. Der Manipulierende wird entsprechend
der Manipulation handeln.

Erkennt der Betreffende die Manipulation und entscheidet sich (bewusst) dagegen, folgt er dem Ziel des Manipulierenden nicht.

Allerdings darf er dann auch nicht als Manipulierter bezeichnet werden, da er sich nicht manipulieren ließ.

Die Manipulation greift nicht. Meist funktioniert es allerdings schon.

Beispiel:

Der Verkäufer überreicht dem Kunden einen Produktka-
talog. Der Kunde sucht sich ein Produkt aus und entscheidet über seinen Kauf.

Dem Verkäufer ist es wichtig, dass der Kunde kauft.

Durch den Kauf sichert er seinen eigenen Arbeitsplatz.

Das sichert seine Lebensexistenz.

Der Manipulierende hat einen direkten Vorteil (zum Beispiel durch Umsatzsteigerung).

Manipulation des Gesprächspartners

In der Rhetorik kann davon ausgegangen werden, dass mit einer Person geredet wird, um sie zu informieren beziehungsweise zu überzeugen.

Nehmen wir es mal genau: Selbst wenn Sie lediglich jemanden begrüßen mit „Guten Tag", abgekürzt von „Ich wünsche Ihnen einen guten Tag", liegt bereits eine Manipulation vor. Sie wünschen ja, dass der andere einen guten Tag genießen möge.

Mit diesem netten Tagesgruß wird sich kaum jemand manipuliert fühlen.

Allerdings reagieren höfliche Menschen mit einem Gegengruß. Zum Beispiel mit „Den wünsche ich Ihnen auch". Jetzt wird noch deutlicher, dass eine Manipulation vorliegt.

Denn – Sie haben Ihr Gegenüber dazu veranlasst, den Gruß zu erwidern. Er macht das, was Sie erwarten.

Generell kann davon ausgegangen werden, dass (fast?) jeder Dialog dazu dient, den anderen in eine bestimmte Richtung denken oder handeln zu lassen.

Sei es, dass im Sinn einer Information der andere in seinem Wissen bereichert werden soll, sei es, dass im Sinn eines Verkaufsgesprächs das Gegenüber von einem Produkt (oder einer Dienstleistung oder der eigenen Arbeitskraft) überzeugt werden soll.

Ein Kritikgespräch soll dazu dienen, den anderen anders handeln zu lassen.

In allen genannten und vergleichbaren Fällen liegt nach obiger Definition eine Manipulation vor.

Manipulation durch die Wahl des Gesprächsorts

Selbst der gewählte Ort oder die verwendeten Unterlagen, die Atmosphäre, das Auftreten, die gewählten Umgangsformen und anderes verstärken den gewünschten Effekt.

Anders ausgedrückt bedeutet das, dass zwischenmenschliche Kommunikation ohne gegenseitige Manipulation nicht möglich ist. Das ist weiter nicht schlimm, wie wir oben schon gesehen haben.

Trickreich manipulieren

Interessant wird es dann, wenn diese Manipulation ‚trickreich' eingesetzt wird. Gemeint ist damit, dass die Manipulation nicht ‚zufällig' geschieht, sondern in verstärkter Form und absichtlich erfolgt.

Dabei gilt, dass nicht gelogen werden soll. Bestenfalls soll so dargestellt werden, dass das Gegenüber einen anderen – hier besseren – Eindruck gewinnt.

Menschen, die die Rhetorik in diesem Sinn trickreich einsetzen können, werden in ihrer Überzeugungskraft stärker und erfolgreicher.

Der Erfolg rückt näher und wird greifbarer. Wer so arbeitet, hat nicht nur vor Gericht Vorteile, sondern auch in allen anderen möglichen Überzeugungsgesprächen und Verhandlungsgesprächen.

Ohne Manipulation kein Leben

Wir müssen, ob wir wollen oder nicht, anerkennen, dass wir ständig manipuliert und beeinflusst werden.

Das Zusammenleben von Lebewesen basiert offensichtlich auf dieser Vorgehensweise.

Menschen, die unreflektiert durchs Leben schreiten, sind verständlicherweise anfälliger gegenüber Manipulation als andere.

Ohne Manipulation wären wir schon längst ausgestorben – und mit uns alle Lebewesen. Also: Manipulation erhält das Leben! Na gut.

Einflussnahme 3: Nudging

Der Schubsende (Nudger)
übt bewussten Einfluss
auf den Geschubsten aus.

Er ist sich des Nudgens
bewusst.

Der Geschubste nimmt das Nudging in der Regel unbewusst wahr. Er handelt (fast zwangsläufig) und verhält
sich gerne im Sinne des Schubsenden.

Der Geschubste gehört einer gesellschaftlichen Gruppe
an (zum Beispiel alle die, die körperlich vom Gewicht her
‚gesättigt' sind).

Gegebenenfalls handelt es sich beim Geschubsten auch
um eine Einzelperson.

Beispiel:

Die Fliege im Urinal lässt den Urinierenden gezielter vorgehen.

Der Nudger wünscht sich dieses Verhalten.

Der Geschubste freut sich über sein Vorgehen (da er die
Fliege trifft).

Der Nudger hat einen indirekten Vorteil (zum Beispiel
weniger Kosten).

Das ‚sich freuen über' über das Geschubst-werden wird im
Weiteren mit dem Wort ‚Lustempfinden' verknüpft.

Nudge – der Schubser und das Lustempfinden

Was bedeutet denn nun Nudging?

Bisher haben wir von Schubsen und Lustempfinden gesprochen. Ein wichtiger Hinweis: Zuerst einmal geschieht alles ohne Zwang. Es gibt keine Verbote.

In unserer Sprache gibt es (noch) kein entsprechendes deutsches Wort für Nudging, wenn wir nicht ‚Anschubsen' akzeptieren.

Nudging kommt aus dem Englischen ‚to nudge' und bedeutet so viel wie ‚anschubsen'.

Schubsen

Der menschliche ‚Schubser' (im süddeutschen auch ‚Schups') löst diesen absichtlich aus, um bewusst den Geschubsten eine Handlung ausführen zu lassen.

Der Geschubste kann sich – aufgrund des Schubsens – nicht dagegen wehren, ‚angestoßen' zu werden.

Im Gegensatz zur Manipulation – sofern der Manipulierte diese erkennt – kann sich der Betreffende im Falle des Nudgings nur bedingt wehren.

Sich wehren gegen den Schubs?

Wir werden weiter unten sehen, dass der Geschubste sich trotz dem verlockenden Angebot des Schubsenden anders verhalten kann.

Allerdings: Wenn Sie jemand schubst, werden Sie in der Regel einen kleinen Schritt nach vorn gehen (ohne sich zur Seite zu bewegen), um Ihr Gleichgewicht zu halten.

Diese kleine Bewegung zeigt bereits, dass Sie eine Handlung vornehmen (müssen), allerdings im Sinn des Schubsenden.

Die Kugel und die physikalischen Kräfte

Lassen Sie eine an einem Faden aufgehängte Kugel gegen eine im Ruhestand befindliche fallen, setzt diese die Bewegung fort.

Sie kann gar nicht anders, da die Kräfte der ersten Kugel auf sie einwirken.

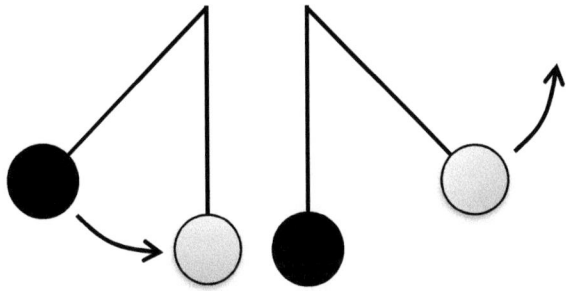

Beim Aufprall der ersten Kugel auf die zweite greifen physikalische Kräfte.

Ein anderes Verhalten der zweiten Kugel ist nicht möglich. Sie muss reagieren. Die Reaktion lässt sich übrigens vorhersehen.

Der große Visionär und die Inspiration

Leonardo da Vinci (1452 – 1519) saß vor seiner Hütte, als er das Herabsegeln von Ahornsamen bewusst wahrnahm. Diese näherten sich spiralförmig drehend dem Boden.

Leonardo erhielt blitzartig (schlagartig wie bei der Kugel?) eine Inspiration.

Sollte es möglich sein, durch den Einsatz bestimmter Technik eine Art fliegende Maschine, eine Flugschraube, zu entwickeln?

Mentale Inspiration

Wir wissen, dass die damalige Vision von Hubschraubern heutzutage durch die Lüfte fliegt.

In Leonardos Fall lässt sich behaupten, dass ihm die Natur einen Schub gab, sich gedanklich in Bewegung zu setzen.

Wir dürfen zweifelsfrei unterstellen, dass der nach unten fliegende Ahornsamen nicht im Geringsten das Bewusstsein oder den Willen hatte, Leonardo zum Handeln zu bringen.

Wir können hier von Inspiration, Eingebung, Vision und vergleichbaren Bezeichnungen sprechen.

Bewusst und aktiv?

Statt eines Pflanzenteils nehmen wir nun einen Menschen. Der Mensch hat die Fähigkeit, <u>bewusst</u> vorzugehen.

Genau das geschieht bei jenem, der schubst. Der Schubsende will ja, dass sich der Angeschubste geistig oder körperlich bewegt.

Im Fall der Kugel hatte die angeschubste Kugel keine Chance, <u>nicht</u> aktiv zu werden.

Im Fall des Ahornsamens wird zumindest die (geistige) Aufmerksamkeit erregt, womit im weitesten Sinn auch ein Handeln gesehen werden kann.

Beim Menschen werden wir erkennen, dass der Schubsende sich trotzdem anders verhalten kann, was allerdings die Ausnahme sein dürfte.

Und zwar deshalb, weil der Schubs dem Geschubsten einen vermeintlichen Vorteil bringt (siehe Lustgewinn).

Dieser Vorteil lässt sich weder bei der Kugel noch beim Ahornsamen erkennen.

Aufmerksamkeit erzielen

Wir halten fest: Zumindest zwingt der absichtlich ausgeführte Schubser den Geschubsten dazu, aufmerksam zu werden.

Die Entstehung des Begriffes Nudging

Woher kommt das Wort Nudging?

Die beiden US-amerikanischen Professoren Richard H. Thaler (*1945), Wirtschaftswissenschaftler und Cass Robert Sunstein (*1954), Rechtswissenschaftler haben den Begriff Nudging in einer Publikation im Jahre 2008 geläufig gemacht.

Der Titel ihres Buchs lautet: ‚Nudge – Improving Decisions About Health, Wealth and Happiness‘, auf Deutsch ‚Nudge – Wie man kluge Entscheidungen anstößt‘.

Der Titel verrät durch das Wort ‚klug‘ bereits, dass die Autoren davon ausgehen, durch den gezielten Einsatz des Nudgings positive Effekte zu erzielen.

Dem lässt sich zustimmen. Betrachten wir nun, dass es neben dem bewussten Nudging offensichtlich auch ein instinktives Nudging gibt.

Die Natur steht bei dem Nudging offensichtlich Pate.

Bewusstes Nudging – Der Geschubste und sein Lustempfinden

Der Schubser hat ein Ziel vor Augen. Ganz konkret weiß er, wie sich der Geschubste verhalten soll. Seine Erwartungshaltung wird in der Regel erfüllt.

Demnach haben wir es doch mit Manipulation zu tun, wie weiter oben beschrieben?

Nicht ganz. Ein wesentlicher Unterschied ist zur Manipulation zu beachten. Im Gegensatz zum Nudging kann sich der Manipulierte gegebenenfalls gegen die Manipulation wehren.

Gleichgewicht wahren

Beim Nudging ist das (mehr oder weniger) erstmal nicht möglich.

Bleiben wir bei der bildhaften Darstellung: Um nicht umzufallen, muss er (wie oben bereits beschrieben) nun einen Schritt nach vorne gehen.

So kann er sein Gleichgewicht halten. Und nun öffnet sich die Option des Handelns.

Tatsächlich hat der Geschubste <u>nicht</u> das Gefühl, etwas <u>gegen</u> seinen Wunsch umsetzen zu müssen, wie es eventuell bei der Manipulation wäre.

Lustbedürfnis befriedigen

Im Gegenteil – er sieht häufig einen Vorteil oder befriedigt im rhetorischen Sinn ein ‚Lustbedürfnis'. Das ist psychologisch sehr interessant.

Der Geschubste gewinnt den Eindruck, dass er durch den ausgelösten Schubs jetzt selbst aktiv wird und eine positive Entscheidung trifft.

Konkret, dass sein Lustbedürfnis befriedigt wird. Und wer mag das nicht?

Instinktives Nudging – Die Elefantenkuh und ihr Neugeborenes

Gerne wird zum Verstehen des Nudgings das Beispiel der Elefanten aufgeführt. Die Elefantenkuh schubst das Neugeborene vorsichtig aber trotzdem intensiv an, sodass es aufsteht.

Dem neugeborenen Elefantenjungen ist natürlich überhaupt nicht bewusst, dass es aufstehen soll und tatsächlich auch aufsteht.

Es handelt aus Instinkt. Ohne Instinkt wäre das Tier eine leichte Beute für Raubtiere.

Möglichweise handelt es sich hier um instinktives Verhalten des Jungtieres beziehungsweise auch der Elefantenkuh.

Das Kalb steht einfach auf. Ob es will oder nicht.

Der Schubs der Kuh hat es zu dieser Aktion gebracht.

Wir wissen, dass das Aufstehen für das Jungtier überlebenswichtig ist.

Das betroffene Tier weiß davon allerdings noch gar nichts. Zum eigenen Schutz und um möglichen Angriffen von Raubtieren zu entgehen, handelt das Kalb richtig (die Elefantenkuh allerdings auch).

Wir haben hier sozusagen aus der Fliege einen Elefanten gemacht.

Übrigens ist das Anschubsen bei einer großen Anzahl von Säugetieren zu beobachten.

Und erhält das neugeborene Menschenkind nicht auch schon mal einen Klaps, um den ersten Schrei auszustoßen?

Grenze zwischen Manipulation und Nudging

Betrachten wir die Geschichte von Tommy und überlegen, inwieweit hier anstatt Manipulation Nudging vorliegt.

Tommy und sein Freund

Vor Jahren lief in den TV-Medien eine interessante Werbung, die im Sinn des Nudgings hier betrachtet werden soll.

Wir sehen einen Jungen, nennen wir ihn Tommy, der über grünbewachsene Wiesen läuft, im Hintergrund ein glasklarer Bach, strahlendblauer Himmel, sattgrüne Bäume. Der Junge läuft zusammen mit seinem Hund. Ein ästhetisch schön anzusehendes Tier, offensichtlich kerngesund und ebenso gesund ernährt.

Tommy und sein Hund tollen miteinander. Beneidenswertes Glück und Freude ist beiden anzusehen beziehungsweise deutlich wahrzunehmen.

Tommys bester Freund

Aus dem Off ertönt eine zufriedene und stolze Mutterstimme: „Tommy und sein bester Freund." Und dann wird die lächelnde Mutter gezeigt, die das Hundefutter aus der Verpackung in den Hundenapf füllt. Die eingeblendete Futtermarke ist deutlich zu sehen.

Alles harmlos? Wirklich? Überlegen Sie doch einmal. Tommy und sein bester (!) Freund. Sein bester? Besser als alle anderen Freunde Tommys? Wow!

Oder hat Tommy vielleicht gar keine echten Freunde? Und ist er deshalb auf den Hund angewiesen (wir wollen hier nicht sagen ‚auf den Hund gekommen')?

Und damit – liebe Mama – ihr Sohn auch tatsächlich einen echten Freund hat, bringt die Mutter auch ‚anständiges' Futter (nämlich das in der Werbung angepriesene Hundefutter) für den Hund.

Welche fürsorgliche Mama würde es wagen, dem Hund nur ein durchschnittliches Futter vorzusetzen? Das Ergebnis wäre, dass der Hund ein ruppiges Fell bekäme, nicht mehr sportlich umherrennen könnte und vielleicht auch gar nicht so lebenslustig daherkäme?

Tommy soll nicht traurig sein

Dann wäre ihr geliebter Sohn Tommy traurig. Er hätte ja niemanden mehr, mit dem er spielen könnte. Traurig, traurig!

Bei diesen Überlegungen beziehungsweise Gedanken wirkt die Werbung gar nicht mehr so positiv wie zunächst anzunehmen wäre.

Die Nachricht lautet eindeutig: „Kauft dieses Hundefutter!"

Folge: „Euer einziger, Euer einzelgängerischer, Euer isolierter, Euer introvertierter, Euer einsamer, Euer ... Sohn wird es Euch danken."

Lieber ein glückliches Lachen und ein noch glücklicheres Leben – mit dem besten Freund, seinem Hund.

Makaber, mögen Sie denken? Oder vielleicht doch eher raffiniert? Oder handelt es sich um eine trickreiche Variante der Manipulation? Eher gehört das Beschriebene in den Bereich Nudging.

Das bedeutet, dass die Mutter beziehungsweise die Mütter gar nicht anders können, als das in der Werbung gezeigte und gelobte Produkt zu kaufen.

Tommy behält seinen Freund

Es ist gut zu erkennen, wie schwierig es ist, die Grenze zwischen Manipulation und Nudging zu ziehen.

Immer wieder mag sich die Überlegung in den Vordergrund schieben, ob gegebene Beispiele nicht doch eher in den Bereich der Manipulation zu platzieren sind.

Genial im Bereich Nudging ist die Tatsache, dass der Geschubste sich gerne schubsen lässt. Und gerne folgt. Er empfindet sein Verhalten demnach gar nicht negativ oder manipulierend.

Er scheint ja einen Vorteil zu haben, oder empfindet die weiter oben beschriebene ‚Lust'.

Der Flughafen und der Raucherbereich

Der Raucher betritt das weitläufige Flughafenareal.

Zu seiner Freude und inneren Erleichterung sieht er gleich nach Betreten der Halle einen übergroßen und deutlichen Hinweis auf dem Boden vor sich: Piktogramme weisen zu einem Bereich, wo das Rauchen erlaubt ist.

Der Raucher nutzt diese Option sehr gerne. Er freut sich über den raucherfreundlichen Flughafen. Bravo, das gefällt ihm. Hier will er gern öfter abfliegen als bisher.

Die Macher des Raucherhinweises haben sich als einfühlsam denkende Schubser erwiesen.

Im kompletten Flughafengebäude herrscht striktes und strenges Rauchverbot. Welcher Raucher würde sich über ständig sichtbare ‚Rauchen verboten‘ Schilder freuen?

Viel angenehmer für ihn ist es doch, dass er sofort sieht, wo er rauchen darf(!). Ein mögliches Verbot wird in ein (positives) Angebot gewandelt.

Ein deutliches Beispiel für Nudging. Wie erwähnt: Beim Nudging soll es keine Verbote geben.

Smartphone-Benutzung

„Die Benutzung des Smartphones in diesem Raum ist unerwünscht."

Das ist ein Verbot, wogegen sich viele sträubten. Das hört sich nicht gut an.

Besser: „Im Vorraum dürfen Sie gerne Ihr Smartphone einsetzen. Unterstützendes WLAN ist vorhanden." Wenn das mal kein Service ist!

Fühlen Sie sich angeschubst?

Liebe Leserin, lieber Leser, Sie wissen nun, was Nudging bedeutet und wie sich dieser Begriff von Beeinflussung und Manipulation abgrenzt.

Nicht immer ist es ganz einfach, eindeutige Grenzen zu ziehen.

Sie konnten lesen, dass das Nudging auch in der Tierwelt vorkommt. Sehr wahrscheinlich ist es viel stärker vertreten, als wir annehmen müssen.

Im beruflichen Umfeld taucht das Wort Nudging noch nicht allzu oft auf. Es ist natürlich nur eine Frage der Zeit, bis dieses Verhalten mehr Menschen ins Bewusstsein rückt.

Einige Beispiele haben Sie kennengelernt, um sich mit diesem Begriff und dem dazugehörenden Verhalten anfreunden zu können.

Bisher ist wichtig, dass es beim Nudging keine Verbote geben soll – im Gegenteil, es soll ein positives Gefühl, ein Lustgefühl erzielt werden.

Wollen Sie weiterhin schubsen, treffen wir uns im zweiten Teil des Handbuchs wieder.

Teil 2 – Nudging im zwischenmenschlichen Bereich

Nudging im gesellschaftlichen und beruflichen Miteinander

Entscheidungshilfe anbieten

Liebe Leserin, lieber Leser, willkommen im zweiten Teil des Handbuchs.

In diesem Teil dringen wir schwerpunktmäßig in den zwischenmenschlichen Bereich des Nudgings ein.

Wir zeigen, wie Nudging im Gespräch und im Verkauf eingesetzt werden kann.

Weiterhin weisen wir darauf hin, wie es dem Kunden scheinbar leichter gemacht wird, Entscheidungen zu treffen.

Tatsächlich greift hier sichtbar das Nudging zugunsten desjenigen, der die Entscheidungshilfe anbietet.

Wir reden über Entscheidungshilfen, wir schauen, wie ‚gelenkt' werden kann.

Es wird dargestellt, wie einfach es ist, ‚nur' einen Haken zu setzen, um zum Erfolg zu kommen.

Die menschliche Trägheit und Bequemlichkeit trägt dazu bei, dem Nudging Vorschub zu leisten.

Lassen Sie sich überraschen, wie ‚lustvoll' die Trägheit und Bequemlichkeit der Mitmenschen (aus-)genutzt werden kann.

Nudging in der zwischenmenschlichen Kommunikation

Die Beispiele für Nudging lassen erahnen, welche Vielfalt an Möglichkeiten es gibt, Menschen etwas tun zu lassen, ohne dass sie den Eindruck gewinnen, gegängelt zu werden oder unter der Last von Verboten zusammenzubrechen.

Nicht lenken, sondern nudgen

Bei allen Hinweisen darf nicht vergessen werden, dass der Mensch nicht das Gefühl des ‚Gelenkt-Werdens' gegen den eigenen Willen empfindet.

Das widerspräche dem Nudging-Gedanken.

Drücken oder ziehen?

Ein einfaches Beispiel hierzu können die Hinweise an Türen sein.

Wenn Sie sich auf eine Tür hinbewegen, können Sie nicht immer wissen, in welche Richtung sich die Tür öffnen lässt.

Müssen Sie ziehen oder drücken?

Durch den angebrachten Hinweis wissen Sie, kurz bevor Sie die Tür erreichen, wie Sie handeln sollen.

Bei einer Einzeltür haben Sie keine Wahl: entweder ziehen oder drücken, je nach Hinweis.

Bei einer Doppeltür müssen Sie sich entscheiden. Bei einer steht drücken, bei der anderen ziehen.

Sie haben demnach die freie Auswahl, welche Tür Sie betätigen wollen.

Sie können die eine oder die andere Tür wählen.

Das heißt, Sie selbst treffen die von Ihnen gewünschte Entscheidung. Und das passt wieder zum Nudging.

Entscheidungshilfen statt Verbote

Obwohl manches Verbot geradezu danach giert ignoriert zu werden, darf unterstellt werden, dass die meisten Menschen ungern mit Verboten leben.

Viel angenehmer ist es für sie, sofort Lösungshilfen zu erhalten.

Lösungshilfen

Die Lösungshilfen machen es der Person leichter und bequemer.

Der Mensch hat das Gefühl, dass ihm jemand hilft, schneller zu seinem Ziel zu kommen.

Ein Verbot würde das Erreichen seines Ziels behindern oder gar verhindern, weshalb er ein Verbot nicht gerne mag.

Die Lösungshilfe hingegen zeigt genau das Gegenteil. Deshalb ist sie willkommen.

Betrachten wir im nächsten Beispiel, wie eine Vorschrift nicht als Verbot, sondern als Lösungshilfe gesehen wird.

Aus der Vorschrift wird eine Hilfe

Kommunen stöhnen unter der Last des Mülls. Müll, den die Bürgerinnen und Bürger achtlos, unbedarft und unüberlegt fallenlassen, verunzieren die Straßen und Einkaufspassagen.

Das sind zertretene Kaugummis, Zigarettenkippen, Pappbecher, leere Getränkedosen und zig andere Dinge, die mühsam und kostenintensiv beseitigt werden müssen.

Wird nicht schnell genug gereinigt, bringt es andere Passanten dazu, ihren Müll auch achtlos wegzuwerfen. Dort wo Müll ist, kommt schnell zusätzlicher Müll dazu.

Die Kosten steigen unaufhaltsam an, belasten den städtischen Haushalt und müssen am Ende doch wieder vom Steuerzahler beglichen werden.

Die Müllverursacher (und alle anderen auch) bezahlen für den unachtsam entsorgten Müll. Dieser Kreislauf dürfte eher als kontraproduktiv angesehen werden.

Die Aufgabe, die sich stellt ist die: Wie kann die unschöne Müllentsorgung mithilfe von Nudging – ohne Gesetze oder Verbote – eingeschränkt werden?

Es scheint doch so einfach zu sein: Stellt die Stadt genügend Mülleimer im Fußgängerbereich und in Parks auf, werden die Passanten diese auch eher nutzen.

Natürlich kostet die Beschaffung der Mülleimer erst einmal Geld. Die Leerung der Eimer ebenso.

In Summe werden sich aber die Kosten reduzieren, da ein Aufklauben eines festklebenden Kaugummis vom Boden mehr Einsatz (und Kosten) erfordert.

Sind die Mülleimer zusätzlich lustig oder originell gestaltet, bereitet es den Bürgen sogar Spaß, ihren Müll direkt dort zu entsorgen. Die Herausforderung ist bewältigt.

Exklusivität verändert das Verhalten

Mitte der neunziger Jahre wurden vier unterirdische U-Bahn-Haltestellen in Bad Godesberg der Öffentlichkeit zur Nutzung übergeben.

Bad Godesberger U-Bahn-Tunnel

Die ersten Besucher wunderten sich über den relativ noblen Ausbau dieser Stationen.

In den Zugängen zu den Bahnhöfen wurde viel Naturstein verwendet. Die Stationen waren großzügig mit wertvollen Fliesen ausgestaltet.

Viele bequeme Sitzbänke aus hellem Holz laden den wartenden Fahrgast zum Ausruhen ein.

Großzügige Farbflächen lassen sofort erkennen, um welche Station es sich handelt.

Weshalb waren die Stationen nicht einfach, kostengünstig und nur mit dem Nötigsten versehen eingerichtet?

Offensichtlich griff folgende Überlegung: Wir bieten dem Fahrgast eine noble Ausstattung der Stationen, um es ihm so sicher und bequem wie möglich zu gestalten.

Die Stationen werden regelmäßig sauber gehalten.

Wir gehen davon aus, dass bei dieser Form der Gestaltung weniger Verschmutzung stattfinden wird. Die Menschen werden sich eher zurückhalten, ihren Müll auf blank gewienerte Böden zu werfen oder die Wände mit Schmierereien zu verunzieren.

Tatsächlich griff das Programm. Über viele Jahre strahlten die Stationen frei von Unrat und Verschmutzung den Besucher an.

Gut gemacht – die Investition hat sich gelohnt.

Schonung der Natur

Wie kann in kleinen Schritten dazu beigetragen werden, die Umwelt zu schonen, ohne mit erhobenem Zeigefinger (und damit mit einem drohenden Verbot) das Verhalten der Menschen zu sensibilisieren?

Hier ein Beispiel bei klassischen Büro-Druckern.

Ist die Voreinstellung bei Druckern so vorgegeben, dass das Papier standardmäßig beidseitig bedruckt werden kann/soll, werden einige Nutzer mehr als üblich diese Option anwenden und damit Papier sparen – und so ganz nebenbei die Umwelt schützen.

Wer diese Option nicht anwenden will, kann selbstverständlich auf eine andere umschalten.

Niemand wird gezwungen, so wie empfohlen vorzugehen.

Allein schon aus Gründen der Bequemlichkeit wird es viele Nutzer geben, die die Einstellung so lassen und entsprechend ihre Druckvorgänge ausführen.

Ganz nebenbei entlasten sie die Natur minimal.

Das Ziel, zur Schonung der Natur beizutragen, ist erreicht.

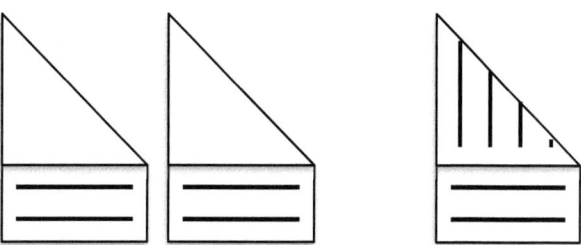

Nudging im Betrieb

Wie lassen sich das Wohlbefinden der Beschäftigten und deren Gesundheit steigern?

Da sich unser Handbuch um den Bereich der Rhetorik dreht, in dem selbstverständlich auch die zwischenmenschliche Kommunikation berücksichtigt wird, wollen wir nun in die Kommunikation eines Unternehmens schauen.

Lenken wir unsere Aufmerksamkeit auf ein Besprechungszimmer, in dem Sie Besucher willkommen heißen und dann auf den Betrieb selbst.

Smalltalk

Gerade zu Beginn eines Gesprächs fällt es einem fremden Besucher oft schwer, vernünftige Themen für den Bereich des Smalltalks zu finden.

Peinliche Gesprächspausen erzeugen eher eine unangenehme Atmosphäre.

Hängen an den Wänden des Besprechungszimmers Poster zu Ihren Filialen im Ausland, ist der Schritt ganz naheliegend, dass das Gespräch in diese Richtung gelenkt wird.

Ungezwungen kann nun über ein Thema, das zunächst gar nichts mit dem eigentlichen Gesprächsthema zu tun hat, geredet werden.

Von diesem Gesprächsbereich kann dann auf das Thema gelenkt werden, das den Grund des Zusammenseins bildet.

Hilfsmittel

Bieten Sie Ihrem Gesprächspartner im Besprechungsraum die Möglichkeit, Hilfsmittel (Marker, Stifte, Whiteboard usw.) zu verwenden, steigt die Wahrscheinlichkeit, dass er solches einsetzt.

Das bedeutet, dass Sie nicht nur die verbale Kommunikation einsetzen, sondern mit Diagrammen, Zeichnungen und anderen Hilfsmitteln das Gesagte anschaulich unterstützen.

Es wird leichter verständlich, die Kommunikation wird effektiv.

Naschwerk

Haben Sie Kleinigkeiten zum Naschen adrett angeordnet auf dem Arbeitstisch liegen, steigt der Wunsch des Gesprächspartners, sich zu bedienen.

Das gilt nicht nur für fremde Besucher, sondern auch für Teilnehmer an Gesprächsrunden oder Meetings.

Kleine Süßigkeiten oder Salziges lässt viele einmal zugreifen. Die Atmosphäre wird lockerer.

Gesunde Mitarbeiter und Mitarbeiterinnen

Wie schaffen Sie es, dass Ihr Gesundheitsstand und der Ihrer Mitarbeiter möglichst stabil gehalten werden?

Bieten Sie Ihren Beschäftigten die Möglichkeit, sich in der hausinternen Kantine gesund und abwechslungsreich zu ernähren.

Dann werden Sie auf Dauer wahrscheinlich weniger Krankmeldungen haben.

Sie selbst profitieren, wie das beim Nudging so üblich ist, dass Sie einen geringeren Krankenstand zu verzeichnen haben. Die Krankheitskosten werden gesenkt.

Und natürlich profitiert der Beschäftigte ebenso, da er sich gesund ernähren kann.

So ganz nebenbei steigt die Stimmung, wenn das kulinarische Angebot im Betriebsrestaurant die klassischen menschlichen Grundbedürfnisse nach Speisen und Getränken in ihrer Vielfältigkeit großzügig abdecken kann.

Gerne für Sie da – Geschlossen oder geöffnet?

Kürzlich fand der Autor einen interessanten Hinweis zur Öffnungszeit in der Angabe zu einem Dienstleistungsbetrieb: „Wir erwarten Sie gerne zwischen 9:00 Uhr und 13:00 Uhr."

Die sind höflich, dachte er sich.

Tatsächlich bedeutet der Hinweis zur Öffnungszeit: „Geöffnet von 09:00 Uhr bis 13:00 Uhr, am Nachmittag geschlossen."

Diese Öffnungszeiten klingen nicht mehr so kundenfreundlich.

Schutz des Versicherten oder Geld gespart?

„Ihr Bein in Gips? Sind wohl Ski gefahren?" So oder ähnlich lautet die leicht schadenfrohe Frage, wenn der Kollege mit eingegipstem Bein, humpelnd auf zwei Krücken gestützt, vor die Bürotür tritt.

Tja, tatsächlich ist er bei weitem nicht der Einzige, der sich beim Skifahren einen Knochenbruch zugezogen hat.

In jeder Skisaison trifft es Hunderte, vielleicht Tausende. Ein ordentlicher Schaden für die betroffenen Versicherungen.

Was tun? Nun, es ist relativ einfach.

Die Verantwortlichen der Versicherung geben ‚eben mal‘ eine Angst einflößende Pressenachricht raus.

Eine Reihe von Medien wird sich gierig darauf werfen und für die Verbreitung sorgen.

Sinngemäß ist zu lesen „… Jedem zweiten Wintersportler ist im Skiurlaub schon Ungemach widerfahren …" (Generalanzeiger 20.03.2015).

Ui, denken Sie, das ist doch gefährlicher als gedacht. Lieber doch nicht Skifahren, sondern besser ans Meer fahren?

Dann hätte das Nudging hier gegriffen.

Der Artikel schreibt weiten „… Vorausgesetzt er gehört zu der Minderheit von 22 % der Befragten, die überhaupt in den Schnee starten."

Nicht umsonst werden die Versicherungen in diesem Artikel als ‚Spaßbremsen‘ bezeichnet.

Trickreiches Nudging in der Rhetorik

Wir wenden uns dem großen Feld der Rhetorik zu und wollen darstellen, wie Nudging erfolgreich und ‚trickreich' eingesetzt werden kann.

Wer sich dieser Tricks bedienen will, sollte die Klaviatur der rhetorischen Basis bereits perfekt beherrschen.

Damit gelingt es ihm, nicht mehr auf jede Kleinigkeit intensiv Energie zu lenken, da er diese ja bereits beherrscht. Die freigewordene Energie kann nun zur rhetorischen Höchstleistung verwendet werden.

Bedenken Sie, dass das beschriebene Vorgehen nicht generell die Aufmerksamkeit auf Kleinigkeiten verlieren darf. Bekanntlich steckt der Teufel im Detail.

Gemeint ist, dass der Trainierte seine Aufmerksamkeit auf einen anderen, jetzt für ihn wichtigeren Bereich lenken kann.

Ein höheres Level anstreben

Wie ist vorzugehen?

Betreten wir deswegen jetzt ein höheres Level der beruflichen Kommunikation, um dem Nudging mehr Platz einzuräumen.

Beginnen wir mit dem ehrlichen Verhalten dem anderen gegenüber.

Offenheit

Sprechen Sie ‚normal' und ‚unverkrampft' über ein verfängliches Thema, wird es Ihr Gegenüber wahrscheinlich auch tun.

Er glaubt eine Offenheit zu erkennen und nutzt das Angebot, ebenso offen zu reden.

Optionen anbieten

Bieten Sie Gesprächspartnern Optionen an, kein ‚Muss'. Beschreiben Sie deutlich das Ziel.

Zeigen Sie Wege und Möglichkeiten, wie das Ziel erreicht werden kann.

Sie zeigen Lösungswege, ohne vorzuschlagen oder zu bestimmen, welche Option in Ihren Augen die bessere ist.

Lassen Sie den Gesprächspartner entscheiden, vertritt er seine eigene Entscheidung intensiver als bei vorgegebenen Optionen.

Herausforderungen bewältigen

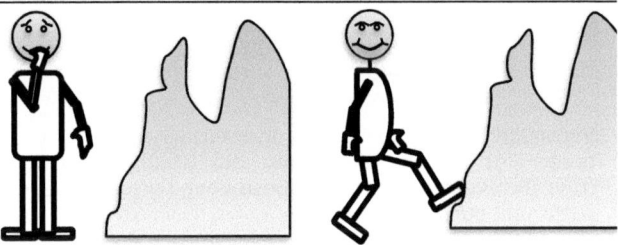

Vermeiden Sie das Schildern von Problemen, schwärmen Sie von Herausforderungen.

Probleme zu erledigen scheint mühsam und freudlos zu sein.

Neue Herausforderungen zu bewältigen spornt an. Durch Herausforderungen lässt sich gut motivieren.

Hilfe anbieten

Das heißt konkret, <u>Sie</u> bieten Hilfe und Unterstützung an: „Wie kann ich Sie bei diesem Projekt unterstützen?"

Listen Sie in Folge die zu tätigen Schritte auf und bieten an, die eine oder andere Aufgabe zu übernehmen.

Wenn alles gut läuft, wird Ihr Gesprächspartner fast automatisch seine eigene Hilfe anbieten und/oder zusätzlich andere Aufgaben übernehmen.

Bestätigen des Gesprächspartners

Vermeiden Sie dabei, Killerphrasen einzusetzen („zu teuer ..."), da sonst das Gehirn des Gesprächspartners (und Ihr eigenes auch) nach Bestätigung dieser Aussage sucht und auch findet.

Sie würden dann bestätigen, weshalb etwas <u>nicht</u> funktionieren kann.

Unterstützen Sie den Gesprächspartner in seinen Überlegungen. Finden Sie mit ihm gemeinsam Wege, die Umsetzung zu verwirklichen.

Realität beschreiben

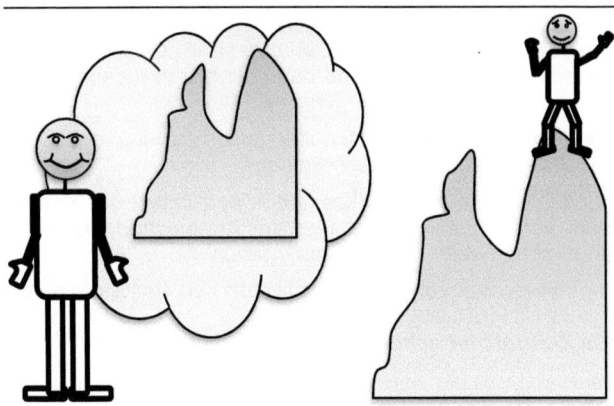

Vermeiden Sie sogenannte Möglichkeitsformen für Ihre Zielbeschreibung. „Wenn wir das und das erreicht hätten, könnten wir …".

Wechseln Sie in die Wirklichkeitsform, die sich anhört, als wäre das Ziel schon realisiert.

„Sobald wir das und das erreicht haben, werden wir …"

Das Gehirn bearbeitet nun nicht mehr nur <u>Möglichkeiten</u>, sondern betrachtet die Aufgabe als erfüllt.

Sie schwelgen bereits in den neuen beziehungsweise zukünftigen Gegebenheiten.

Fazit

Mit diesen generellen Tipps haben Sie eine Bandbreite von Möglichkeiten, Nudging erfolgreich umzusetzen.

Halten Sie im Hinterkopf, dass beim Angeschubsten im weitesten Sinn das Lustempfinden ausgelöst werden soll.

Nutzen Sie weiterhin seine Bequemlichkeit aus, den Weg des geringsten Widerstands zu wählen.

Seine Begeisterungsfähigkeit wird gesteigert und gleichzeitig die Bereitschaft, etwas dafür zu tun.

Darf's ein bisschen mehr sein?

Ältere Leserinnen und Leser haben bestimmt noch die Worte der Verkäuferin hinter der Ladentheke im Ohr, die die gewünschte Ware abwiegt und dann die fast zwingende Frage stellt „Darf's ein bisschen mehr sein?"

Die meisten Kunden werden ihre Zustimmung gegeben haben. Wer will knauserig erscheinen?

Tatsächlich wurde hier aber gegen den Willen des Kunden mehr verkauft. Bei 100 Kunden am Tag macht das 100-mal ein bisschen mehr. Dann wird es schon viel.

Wir können hier von einer geschickten Verkaufstaktik reden.

Die Zukunft ist schon Gegenwart

Heute geht es ein wenig subtiler, unterschwelliger zu.

Die Kundin von heute betritt den Supermarkt, wählt einen Einkaufswagen mit Display.

Von zuhause aus oder von unterwegs via Smartphone und App hat sie bereits ihren Einkaufszettel erstellt und übermittelt.

Oder sie scannt am Display des Einkaufswagens ihre Einkaufswünsche ganz einfach und schnell ein.

Auf dem Display wird die Kundin nun begrüßt, eventuell sogar mit ihrem Namen. Nun wird sie direkt zu den Waren geleitet, die sie auf ihrer Einkaufsliste vermerkt hat.

Ein wesentlicher Vorteil für die Kundin wird sichtbar – sie muss sich keine Gedanken mehr machen, was wo steht. Unnütze Sucherei entfällt und sie wird auch keinen Artikel vergessen.

Das System denkt mit

Dass sich das System, sozusagen nebenbei, merkt, welche Artikel und in welchen Portionen beziehungsweise Mengen die Kundin wählt, fällt dieser gar nicht auf.

Im Gegenteil, die Kundin freut sich, dass sie das System zu ihrer bevorzugten Marke leitet, ohne dass sie das jedes Mal erneut angeben muss.

Und plötzlich erscheint auf dem Display ein Vorschlag zu einem weiteren Produkt, das zufälligerweise ganz frisch und zu besonderen Konditionen heute erhältlich ist.

Und das – na so was – 100-prozentig dem Wunsch der Kundin entspricht. Der Vorschlag passt wunderbar zur Einkaufsliste der begeisterten Kundin.

Denn das System erkennt, welche Gerichte sich aus den gekauften Produkten zusammenstellen lassen.

Und da wäre doch ein Bündchen Basilikum oder ein leckeres, frisch gebackenes Olivenbrot gerade passend.

Die Kundin freut sich über den Tipp, denn die vorgeschlagenen Produkte geben eine gute Abwechslung und Ergänzung zur geplanten Mahlzeit.

Gut, dass das Display sie direkt zur Ware führt. Einfach klasse!

Lebt die Kundin alleine?

Im Hintergrund werden die Daten der Kundin problemlos gespeichert.

Sie lassen auch Rückschlüsse zu, wie sich die Kundin ernährt. Eher gesund, vegetarisch oder doch mal kalorienreich genussvoll?

Anzahl und Menge der einzelnen Produkte lassen Rückschlüsse zu, ob die Kundin alleine wohnt oder für jemanden mitkocht.

Ob wohl Kinder oder eine zu betreuende Mutter mit im Haushalt leben?

Nun, das muss uns hier in diesem Zusammenhang nicht weiter interessieren. Wir fokussieren uns auf das Nudging.

Und das geschieht in dem Augenblick, in dem der Kundin das Basilikum und das Olivenbrot angeboten wird.

Die Kundin wird sozusagen mit der Nase auf Alternativen beziehungsweise Ergänzungen geschubst.

Dieses Angebot muss sie nicht wahrnehmen. Sie kann – und damit (scheinbar) frei entscheiden.

Immer diese Entscheidungen – Kaffee oder Cappuccino?

Je nach ausgeprägter Charaktereigenschaft fällt es einer Person leichter, sofort und impulsiv eine Entscheidung zu treffen.

Eine Mehrheit der Menschen hingegen tut sich mit einer spontanen Entscheidung viel schwerer.

Entweder wägen die Betreffenden die Vor- und Nachteile gegeneinander endlos ab oder sie bekommen es tatsächlich nicht hin, sich für eine Alternative zu entscheiden.

Sie finden jede Variante als gleich ansprechend, was die Entscheidungsfindung nicht erleichtert.

Betreten wir in Folge gedanklich die Gastronomie, um dieses Phänomen besser zu beleuchten.

Nebenbei lässt sich ablesen, wie dem Betreffenden – im Sinne des Nudgings – Hilfestellung angeboten wird.

So ganz nebenbei bietet sich außerdem die Möglichkeit an, Zusatzumsatz zu erzielen, also den Umsatz zu steigern.

Alternative als Entscheidungshilfe

Lassen Sie hier die Alternativfrage ins Spiel kommen.

Das freundliche Servicepersonal fragt nach dem eingenommenen Essen, ob der Gast noch ein Heißgetränk wünscht. Möglichkeiten des Kellners:

Service-Möglichkeit 1

Er fragt nicht.

10 Prozent der Gäste bestellen von sich aus einen Kaffee, ohne großes Zutun des Personals.

Service-Möglichkeit 2

Er fragt: „Wollen Sie noch einen Kaffee?"

Der Gast hat die Möglichkeit, mit ja oder nein zu antworten.

Wir denken großzügig und sagen deshalb, dass nun 50 Prozent der Gäste einen Kaffee bestellen.

Hier greift der Gedanke vom Nudging bereits.

Jeder zweite Gast erhöht den Umsatz.

Service-Möglichkeit 3

Er fragt alternativ: „Mögen Sie eine Tasse Kaffee oder einen frisch aufgeschäumten Cappuccino?"

Der Gast kann zwar mit nein antworten, was nicht hundertprozentig als Antwort passt.

Er müsste sich demnach überwinden, einen verneinenden Satz zu formulieren.

Aufgrund seiner Trägheit wird er eher einer der Alternativen zustimmen. Bei der Alternativfrage bleibt die zweitgenannte Variante länger im Ohr, weshalb diese häufiger gewählt wird.

So kommt unser Kellner auf geschätzte 90 Prozent verkaufter Heißgetränke.

Durch die beschriebene Vorgehensweise fühlt sich der Gast bevorzugt behandelt und hilft unbeabsichtigt dem Unternehmen zu verstärktem Umsatz.

Gesellschaftliche und berufliche Alternative

Probieren Sie es mal aus.

Nicht zwangsläufig als Servicepersonal, sondern in beliebigen anderen vergleichbaren Verkaufssituationen.

Vor dem Kino- oder Theaterbesuch: „Möchtest du lieber vorab zum Italiener oder zum Griechen?"

Es wird gar nicht geklärt, ob der Angesprochene überhaupt vorab gastronomisch einkehren will.

Der Chef zum Mitarbeiter: „Übernehmen Sie lieber Aufgabe A oder Aufgabe B?" Vielleicht wollte der Mitarbeiter gar keine der Aufgaben übernehmen. Nun wird er eine der beiden wählen.

Durchführungswille

Mit dem Beispiel im Restaurant wird gezeigt, wie mithilfe von Alternativfragen auf der einen Seite problemlos der Umsatz gesteigert werden kann und auf der anderen Seite dem Gast ein angenehmes Gefühl vermittelt wird.

Alternative Fragestellung

Wollen Sie es Ihrem Gesprächspartner erleichtern, eine Entscheidung zu treffen, verwenden Sie dort, wo es passt, eine alternative Fragestellung.

Betrachten wir das folgende Beispiel:

Nehmen wir an, Sie würden eine geschlossene Frage stellen, die lautet: „Wollen Sie eine Entscheidung treffen?"

In der geschlossenen Fragestellung hat der Antwortende die Möglichkeit mit Ja oder Nein zu antworten. Denkbar wäre auch „weiß nicht".

Prozentual betrachtet werden auf Dauer wahrscheinlich keine 100 % Zusagen erfolgen. Befragten fällt es relativ leicht mit Nein zu antworten.

Oder sie winden sich und antworten beispielsweise: „Ich habe mich noch nicht entschieden – ich mache mir noch einmal Gedanken darüber."

Es wurde keine Entscheidung getroffen. Sie wurde bestenfalls vertagt.

Entscheidungshilfe

Als Fragender wählen Sie die Alternativfrage, die Sie stellen können. Fragen Sie: „Welche Entscheidung werden Sie treffen?"

Der Antwortende kann nun nicht mehr mit Ja oder Nein antworten. Mehr oder weniger wird unterstellt, dass eine Entscheidung getroffen wird. Es ist nur noch die Frage, welche Entscheidung gewählt wird. Nicht mehr, ob überhaupt eine Entscheidung infrage kommt.

Sehen Sie bei diesen beiden Fragearten einen deutlichen Unterschied in der Möglichkeit der Antworten?

Helfen Sie jemandem, der sich schlecht entscheiden kann oder dem der Durchführungswille fehlt mit solchen Fragen. Solange diese sinnvoll eingesetzt werden, kann der Antwortende sie als Unterstützung empfinden.

Gästereklamationen reduzieren

In einem Seminar schilderte ein Teilnehmer dem Autor dieses Handbuchs folgendes Erlebnis. „Als ich den Teller abräumen wollte, fragte ich den Gast, ob es ihm geschmeckt habe. Er antwortete mit einem klaren ‚Nein!'. Dabei hatte er alles aufgegessen. Wie sollte ich mich hier aufgrund der Reklamation verhalten?"

Tja, wie sollte das Servicepersonal handeln, nachdem der Gast alles aufgegessen hatte, bevor er seinen Unmut äußerte? Ersatz, Nachbesserung oder Austausch war nicht mehr möglich.

Eine eventuelle Überprüfung, ob die Speise zu kalt, zu heiß, zu zäh, zu irgendetwas sonst war, war auch nicht mehr möglich.

Trotzdem war der Gast unzufrieden, sonst hätte er nicht reklamiert.

Der Servicemitarbeiter war auch unzufrieden. Eine Reklamation mehr – ein Kunde weniger.

Alles recht?

Geschultes Servicepersonal weiß, wie richtig vorzugehen ist. Nach dem Servieren beginnt der Gast die Speise zu verzehren. Das Personal fragt nach ungefähr einer Minute, ob „alles recht" sei.

Bei Ungewünschtem lässt sich jetzt sofort regulierend eingreifen, um gegebenenfalls nachzubessern.

Demnach sollte der Gast am Ende der Mahlzeit zufriedengestellt sein. Negative Gefühle mussten sich somit nicht nach und nach aufbauen.

Im Gegenteil: Dem Gast wurde das Gefühl vermittelt, dass ihm eine wirklich wohlschmeckende und richtig zubereitete Speise serviert wurde. Er fühlte sich geachtet und wertgeschätzt. Das Lustgefühl wurde bestätigt.

Das alles wird erreicht, wenn dem Gast zeitnah nach dem Servieren eine kleine Rückfrage gestellt wird.

Wie viel Ärger ließe sich vermeiden, gingen Mitarbeiter im Service entsprechend vor?

Der Haken und das Frühstücksei

Es würde einen Hotelgast wundern, müsste er zu seinem Frühstück das Brötchen extra bezahlen.

In den 60ern war es üblich, dass der Gast zum Frühstück ein gekochtes Ei wählen konnte.

Für dieses wurden dann 50 Pfennig oder 1 Mark berechnet.

Unzählige Gäste haben sich darüber beschwert. Das Hauptargument der Gäste war, dass das Hühnerei im Einkauf nur ein paar Pfennige kostete und hier ein unverschämter Aufschlag erhoben würde.

Dass der Hotelier neben Einkauf, Lagerung, Ausschuss, Zubereitung, Personalkosten, Energieaufwand usw. betreiben musste, erkannte der Gast nicht oder wollte es nicht erkennen.

Exklusiv und Inklusiv

Um aus diesen unschönen Beschwerden über den relativ geringen Aufpreis herauszukommen, entschieden sich nach und nach die meisten Gastronomen, das Frühstücksei ganz einfach mit in den Frühstückspreis zu kalkulieren.

So kostete dann das Frühstück statt 7 Mark jetzt 8 Mark. Aber: alles inklusive. „Mensch, hier ist das Frühstücksei sogar im Preis inbegriffen – toll!"

Schon waren die Gäste froh und entspannt, entstanden doch keine Mehrkosten für das weichgekochte Ei.

Dass nicht jeder Gast ein Frühstücksei wünschte, ist nachvollziehbar.

Trotzdem war der Preis für das Frühstücksei auch in seinem Frühstück enthalten. Das störte den Gast aber in der Regel nicht, da er es im Rechnungsbetrag gar nicht wahrnahm.

Zufriedenheit

Wir können festhalten, dass nicht nur der Gastronom zufrieden war, sondern auch der Gast. Eine klassische Win-Win-Situation.

Im Sinn des Nudgings wurde der Gast zum Frühstücksei geschubst. Er bezahlte es mit, ob er wollte oder nicht, empfand diese Vorgehensweise allerdings nicht als nachteilig für sich.

Zusatzleistung

So gingen und gehen viele Anbieter von Dienstleistungen nach und nach dazu über, ein Angebot zu schaffen, das Zusatzleistungen einschließt.

Es erweckt den Anschein, dass der zu bezahlende Preis viel enthält.

Alles inklusive

Der Kunde kann besser kalkulieren mit seinem Allround-Paket.

Der ‚Zug zum Flug‘ ist im Preis enthalten, egal ob der Reisende mit eigenem PKW anreist oder von Freunden an den Flughafen gebracht wird.

Andererseits ist es für den Anbieter auch viel leichter, sein Programm umzusetzen, muss er doch nicht darauf achten, welcher Kunde nun welche Leistung in Anspruch nehmen will.

Mathematisch korrekt – verkaufstechnisch überlegenswert

Einige Jahre später gab es ‚heiße‘ Diskussionen um die ‚kühle‘ Flasche Mineralwasser im 0,7 Liter-Format auf dem Restauranttisch. Ein kleines Fläschchen Mineralwasser kostet X Euro, so musste die große dreimal X kosten. Damit errechnete sich für die große Flasche der Verkaufspreis einer kompletten Kiste Wasser.

Die Mineralwasser-Industrie versuchte erfolgreich, mit speziell designten Flaschen entgegenzusteuern, die im Supermarkt nicht erstanden werden konnten.

Einige Gastronomen berechnen allerdings immer noch irrwitzig erscheinende Preise für eine große Flasche Mineralwasser und verschrecken damit einige Kunde. Die Gäste werden lieber den Mitbewerber aufsuchen.

Andere Gastronomen verlangten einen ‚vernünftigen‘ Verkaufspreis und bereiteten der großen Wasserflasche den Siegeszug auf den Gasttisch.

Default – Eine Vorgabe geben – Standard setzen

Durch das Setzen eines Hakens an einer bestimmten Stelle ist sozusagen eine Vorgabe gegeben. Ein gewisser Standard wurde gesetzt.

Im Zusammenhang mit unserem Thema Nudging wird in der englischen Sprache von ‚Default' gesprochen.

Mithilfe dieser gesetzten Vorgaben soll es dem Anwender leichter gemacht werden, im Idealfall im eigenen Sinne vorteilhaft vorgehen zu können.

Solange fair gearbeitet wird, muss für den Nutzer sofort klar sein, wo und wie er den vorgegebenen Haken entfernen kann.

Im Gegensatz zur Manipulation soll hier der Verbraucher ja nicht gezwungen – oder manipuliert – werden, auf den Vorschlag des Manipulierenden einzugehen.

Beim Nudging wird lediglich die tatsächliche Option geboten.

Konformität, Trägheit, Bequemlichkeit helfen, dem vorgegebenen Standard zu folgen.

Damit hat das Nudging großen Erfolg.

Trotzdem, und es soll hier noch einmal ausdrücklich betont werden, kann der Geschubste gegen die Vorgabe relativ leicht vorgehen, so er seinen eigenen ‚inneren Schweinehund' überwindet.

Er kann sich gegen den Standard entscheiden.

Wo ist der Haken?

Und genau am Haken, an der Vorgabe liegt es: Der Haken ist überall gesetzt. Zumindest mal in der linken Spalte.

✓	Leistung A		✓	Leistung A
✓	Leistung B			Leistung B
✓	Leistung C		✓	Leistung C
✓	Leistung D		✓	Leistung D
✓	Leistung E			Leistung E
✓	Leistung F			Leistung F
✓	Leistung G		✓	Leistung G
✓	Leistung H			Leistung H
✓	Leistung I		✓	Leistung I
✓	Leistung J			Leistung J

Muss der Benutzer jede angebotene Zusatzleistung extra anklicken, hat er zwar ein großes Angebot, entscheidet sich aber möglicherweise nicht für alle Optionen.

Von den hier im Beispiel angezeigten Extraleistungen wählt er gegebenenfalls 5 aus (rechte Spalte). Er wählt – aktiv – die Hälfte der angebotenen Zusatzleistungen.

Im Parallelbeispiel sind alle Haken vorab gesetzt.

Der User hat die Möglichkeit, die Haken zu entfernen. Er wird nicht unbedingt 5 von 10 wegnehmen, da er so das Gefühl haben kann, dass er etwas vermissen wird oder eine reiz-volle Leistung weniger erhält.

So nimmt er vielleicht nur zwei Positionen weg.

Er wählt – passiv – 80 % der möglichen Zusatzleistungen.

Bei einigen PKW-Anbietern ist das in deren Konfigurations-Programm zu sehen.

Mit jedem dazugesetzten Haken steigt der Endpreis sichtbar.

Das ist zwar ein faires Vorgehen, lässt den Kunden aber gegebenenfalls zögern, einen zusätzlichen Haken zu setzen. Der Minimalbetrag steigt.

Minimal- und Maximalbetrag

Im umgekehrten Fall ist ein Maximalbetrag gelistet. Geschickterweise springt er nicht sofort ins Auge. Bei jedem Wegklicken sinkt der Preis.

Gleichzeitig verliert der Kunde etwas am vermeintlichen (zusätzlichen) Luxus. Er beschneidet sozusagen sein Lustempfinden.

Das Thema kann nun auch abgehakt werden.

Haken vorgeben

Für Sie als Anbieter beziehungsweise Initiator des Nudgings zeigt sich in solch einem Fall, dass Sie bei ‚abzuhakenden' Auflistungen als Basis erst einmal alles mit Haken darstellen.

Besonders leicht ist das in Online-Bereichen darzustellen, wo weder etwas wegradiert noch durchgestrichen werden muss.

Will einer eine Leistung nicht in Anspruch nehmen, klickt er ganz einfach den Haken weg und die Liste sieht trotzdem sauber und vollständig aus.

Wer empfindet Lust, ein Organ zu spenden?

Weit über 10.000 Menschen (Stand 2018) warten in Deutschland jährlich auf ein Spenderorgan.

Es gibt nicht genügend willige Spender, die bereit sind, im Todesfalle eines ihrer Organe einer anderen Person zu überlassen.

Nachteil bei Zustimmung?

Trotz unterschwelliger Bereitschaft haben viele Deutsche die Furcht, dass die Zustimmung zur Organentnahme einen Nachteil bringen könnte.

Einige fürchten, dass in einem kritischen Gesundheitszustand der Tod gezielt herbeigeführt werden könnte. Oder sie denken, dass lebenserhaltende Maßnahmen verkürzt würden, läge eine Bereitschaft zur Organspende vor.

Wie dem auch sei – Tausende Betroffene leiden unter diesen Befürchtungen und verlieren vielleicht sogar vorzeitig ihr Leben.

Zustimmungsregelung – Widerspruchsregelung

In anderen Ländern, so zum Beispiel in Österreich, sieht das ganz anders aus. Fast alle Österreicher stimmen der Organspende zu. Woran liegt das?

In Deutschland gibt es die Zustimmungsregelung, in Österreich die Widerspruchsregelung.

Das bedeutet, der Deutsche muss erst umständlich der Entnahme zustimmen – der Österreicher muss ihr widersprechen.

Nachvollziehbarer Weise ist es mit einem höheren Aufwand verbunden, einer Vorgabe zu widersprechen. Also greift die Bequemlichkeit und die Erlaubnis bleibt unwidersprochen bestehen.

In diesem Fall profitieren Tausende Menschen, die dringend auf ein Spenderorgan warten.

Aufwand oder Bequemlichkeit

Die Deutschen müssen sich dafür registrieren, dass sie im Fall des Falles ein Organ spenden wollen. Das bedeutet einen zusätzlichen Aufwand.

Bei den Österreichern ist es schon vornweg so vorgegeben und vorgesehen.

Will der Österreicher kein Organ spenden, muss er das anmelden; er muss widersprechen.

Ergebnis (2015): In Deutschland gibt es angeblich ca. 12 Prozent Organ-Spender, in Österreich sollen es 99 Prozent sein.

Also: In Österreich wird jeder per Gesetz zum Organspender gemacht. In Deutschland soll sich jeder selbst entscheiden.

Die Vorgehensweise bringt einen beachtlichen Unterschied.

Überlegen Sie, in welchen beruflichen Bereichen Sie statt der Einforderung einer Zustimmung eher einen Einspruch annehmen müssen.

Sie können, wie das Organspende-Beispiel zeigt, ungeheuerliche Vorteile erzielen.

Im Jahr 2018 brachte der deutsche Gesundheitsminister die Diskussion der Organspende auf. Er schlug die Überlegung der Widerspruchsregelung für Deutschland vor (in Europa soll das bereits in 16 Ländern so üblich sein). Es entstand eine ‚heiße' Diskussion in der Gesellschaft über das Für und Wider. Bei Drucklegung der aktuellen Auflage ist die Entscheidung noch nicht getroffen.

Trägheit und Bequemlichkeit

„Weshalb soll ich es mir schwermachen?"

Selbstverständlich ist es für den Menschen bequemer, wenn er viel vorgegeben bekommt und nicht mehr überall selbst entscheiden muss.

Ist der Haken bereits gesetzt – umso besser. Wird die Zustimmung als gegeben vorausgesetzt – in Ordnung, dann soll es so sein.

Einen Widerspruch einzulegen kostet Zeit und Geld. Die Zeit und das Geld lassen sich ersparen. Ein scheinbarer Gewinn liegt vor.

Es ist also praktisch, wenn Zeit, Geld und Energie gespart werden können. Allerdings und genaugenommen wird der Mensch dann überwiegend ‚fremd-gelebt'.

Er muss ja selbst weniger nachdenken. Viele Menschen sind eher träge und nehmen ‚Vorgekautes' an.

Fremd-Leben versus Selbst-Entscheidung

Je mehr ein Mensch fremd-gelebt wird, desto mehr Selbst-Entscheidung gibt er ab.

Das wirkt angenehm, birgt aber die Gefahr, dass er etwas tun wird, was das Gegenüber will beziehungsweise beabsichtigt – im Sinne des Nudgings soll es ja genauso sein.

In unserem Zusammenhang nutzt diese Bequemlichkeit dem Menschen, der trickreich rhetorisch vorgeht. Für den Nudger bringt das viele Vorteile.

So lautet der Appell für den Angeschubsten in umgekehrter Richtung: Passen Sie auf, denken und entscheiden Sie selbst!

Leben Sie Ihr eigenes Leben! Wenn das Vorgegebene passt, ist es natürlich auch gut.

Die Gesellschafft schubst überall

In diesem Zusammenhang wollen wir auf den Gruppenzwang eingehen, der zeigt, dass Menschen auf andere ge-
wollt oder ungewollt Zwang auf deren Verhalten ausüben.

Der Mensch neigt dazu, die Meinung oder das Verhaltensmuster anderer Gruppenmitglieder anzunehmen – wohlge-
merkt, auch wenn er merkt, dass diese Meinung nicht kor-
rekt ist.

Konformes Verhalten

Der polnische Gestaltungs- und Sozialpsychologe Solomon
Elliot Asch (1907 – 1996) führte im Jahr 1970 mehrere Versuche durch, um das konforme Verhalten von Menschen zu
beweisen.

Im Ergebnis der Versuche wurde festgehalten, dass der soziale Einfluss auf das eigene Verhalten und damit auf ein
Ergebnis deutlich erkennbar ist.

Von anderen Wissenschaftlern wurden immer ähnliche Versuche durchgeführt, die das damalige Ergebnis bestätigen.

Angst und mangelndes Selbstbewusstsein

Menschen verhalten sich aus verschiedenen Gründen konform.

Mögliche Gründe

- Hat Angst, sich zu blamieren.
- Hat Angst, aus der sozialen Gruppe ausgeschlossen zu werden.
- Zeigt mangelndes Selbstbewusstsein.
- Will möglichst nicht auffallen.
- Hat Zweifel an sich oder am eigenen Verhalten.

Allerdings greift das konforme Verhalten auch aus Bequemlichkeit, nämlich um mögliche Diskussionen zu vermeiden.

Und schließlich darf die Bequemlichkeit nicht unterschätzt werden, wie an anderer Stelle in diesem Buch beschrieben.

Es ist doch einfacher, mit den Fischen zu schwimmen als gegen sie. Der Herdentrieb kommt hier unterstützend zur Geltung.

Spätere Nachfrage

Im späteren Austausch mit den Teilnehmern des Versuchs stellte sich heraus, dass sich viele nur unter ungutem Gefühl der Gruppenmeinung angeschlossen hatten.

Das sollte beim Nudging nicht geschehen, widerspräche es dem Lustempfinden.

Die meisten fühlten sich in ihrer getroffenen Entscheidung nicht wohl, wollten aber aus oben genannten Gründen nicht auffallen.

Die Gruppe übt Zwang auf den Einzelnen aus

Solomon Asch zeigte mit dem oben geschilderten Versuch deutlich, dass die Gruppe einen Druck, den sogenannten Gruppenzwang, auf den Einzelnen ausübt. Der Einzelne verhält sich so, wie die Gruppe es von ihm erwartet.

Wir vertiefen dieses interessante Thema, denn Konformität und Gruppenzwang gehören zueinander. Beide Themen sind deutlich miteinander verknüpft.

Wie oben beschrieben wird von Konformität gesprochen, wenn das Verhalten eines Menschen mit der erwarteten Haltung der Gesellschaft übereinstimmt.

Ein Mensch verhält sich dann konform, wenn er sich so verhält, wie er denkt, dass die Gesellschaft erwartet, wie er handeln soll. Uff, schwierig.

Also: Wenn ich zu Beginn eines Geschäftsgesprächs annehme, dass mein Gegenüber erwartet, dass wir uns die Hand reichen – und ich dann die Hand reiche, verhalte ich mich konform.

Norm

Die Gesellschaft stellt ‚Normen' auf. Was gilt als ‚normal' in einer Gesellschaft? Die Normen ermöglichen das reibungslose Zusammenleben in einer sozialen Gruppe.

So gibt es Regeln, Verhaltensmuster, Gesetze, Tabus usw., damit jeder in derselben sozialen Gruppe weiß, was als ‚richtig' oder ‚falsch' betrachtet wird.

Verhält er sich der Norm entsprechend, also ‚normal', dann ist sein Leben in der Gesellschaft gesichert.

Unnormal

Verhält er sich anders als die Norm es erwartet, wird sein Verhalten und damit er selbst als ‚unnormal', manchmal als ‚anormal' bezeichnet.

Er riskiert, von der Gesellschaft bestraft oder gar aus der Gesellschaft verstoßen zu werden.

Daraus folgt: Um sich selbst zu schützen, sucht der Mensch innerhalb seiner sozialen Umgebung den Weg, auf dem er möglichst wenig aneckt oder sich anders verhält als erwartet wird.

Keine Verbote im Nudging

Es ist müßig zu überlegen, ob der Gruppenzwang bewusst oder unbewusst ausgeübt wird.

Ausschlaggebender ist die Überlegung, wie sich der dem Gruppenzwang Ausgesetzte fühlt.

Unabhängig der Bequemlichkeit, der Angst oder des ausbaufähigen Selbstbewusstseins – ist er zufrieden und einverstanden mit dem eigenen Verhalten?

Falls ja, müssen hierzu keine weiteren Überlegungen angegangen werden.

Im Falle des ‚Neins‘, scheint eine Überlegung sinnvoll.

Bequemlichkeit hin oder her – beim Nudging soll ein gefühlt freiwilliges Verhalten erfolgen. Dieses soll ein positives Gefühl auslösen. Ist das beim konformen Verhalten immer so?

Und zuletzt: Nudging erfolgt ohne Verbote, die es bei der Konformität beispielsweise durch eine Gesetzesvorgabe geben kann.

Haken gesetzt?

Liebe Leserin, lieber Leser, können Sie hinter alle Beispiele einen Haken setzen?

Ist Ihnen bewusst geworden, mit welchen relativ einfachen Mitteln es möglich ist, einen Menschen in die gewünschte Richtung zu ‚schubsen'?

Wir dürfen beim Nudging nicht den Lustgewinn des Geschubsten vergessen. Er soll immer das Gefühl haben, dass ihm die Arbeit erleichtert wird oder er sogar einen Vorteil erzielt. Das erfreut ihn.

Immer wieder heißt es, dass ein Mensch den Weg des geringsten Widerstands wählt. Weshalb sollte er viel Energie aufwenden, wenn er sein Ziel doch leichter oder schneller erreichen kann. Ist es nicht sogar effektiv, so zu denken und zu handeln?

Nun ja, das ist wohl so. Allerdings liegt beim Nudging das Ziel versteckt, den Geschubsten im Sinne des Schubsers aktiv werden zu lassen.

Der Geschubste hat möglicherweise nur vermeintlich einen Vorteil. Bei seinem Handeln fehlt (im Gegensatz zu einem erkannten Manipulationsversuch) die Reflexion beziehungsweise das kritische Hinterfragen.

Im Gegenteil: ‚Voller Freude' wird er im Sinne des Nudgings aktiv. Er kann und will sich gar nicht wehren.

So liegt es an Ihnen, Nudging aktiv einzusetzen.

Noch bringt <u>Ihnen</u> Anschubsen einen beruflichen Vorteil.

Und zwar deswegen, weil Sie sich in diesem Themenbereich noch vor vielen anderen bewegen. Sie können daraus einen zeitlichen Vorsprung zu anderen Unternehmen gewinnen.

Nutzen Sie diesen Vorsprung aus!

Teil 3 – Der sichtbare und der unsichtbare Weg

Hinterlist oder Schaffen eines Wohlbefindens?

Unsichtbar führen

Liebe Leserin, lieber Leser, in den bisher beschriebenen Fällen ist immer das Ziel erkennbar, den Angeschubsten im Sinn des Anschubsers aktiv werden zu lassen.

In vielen Fällen bringt es tatsächlich auch beiden einen Vorteil. Dann ist gegen das Nudging ganz sicherlich nichts einzuwenden.

In allen anderen Fällen allerdings gilt, genau aufzupassen und – soweit es tatsächlich möglich ist – selbst zu entscheiden.

Durchdenken Sie diese Variante spätestens dann, wenn Sie selbst der Geschubste sind.

Von A nach B

Bildhaft gesprochen bringt der Schubser den Angeschubsten von A nach B. Die aktuelle Position beziehungsweise Situation soll verändert werden.

Und zwar so, dass der Geschubste möglichst nicht mitbekommt, was ihn zur eigenen Handlung bewegt.

Wir betrachten später, wie sogar der Staat im Sinne des Paternalismus hier eingreift beziehungsweise eingreifen muss.

Im übertragenen Sinn lässt sich das auch aufs Räumliche übertragen. In diesem letzten Kapitel des Handbuchs betrachten wir auch diese Variante des Nudgings.

Der sichtbare und der unsichtbare Weg

Um einen Besucher oder Kunden in die richtige Richtung zu weisen, kann ihm gezeigt werden, wie er gehen soll.

Das geschieht zum Beispiel durch eine Beschilderung, die das Ziel angibt und den richtigen Weg weist.

Diese Beschilderung muss sichtbar und ‚logisch‘ angebracht sein, lückenlos bis zum Ziel führen und gut lesbar sein, auch für Menschen mit Sehschwäche.

Hinweise nicht lesbar

In einem noblen Kölner Hotel konnte beobachtet werden, dass einen Seminarraum suchende Gäste das Personal immer wieder nach dem Weg fragten.

Die Beschilderung war zwar vorhanden, aber mit einer elitären Goldfarbe auf einem beigen Hintergrund angebracht.

Deshalb war er für die meisten Gäste nicht erkennbar.

Besucher fühlen sich unwohl

Sie fühlten sich unwohl beziehungsweise unsicher und sahen sich genötigt nachzufragen.

Für das Personal bedeutete das einen erhöhten Einsatz.

Von Lustempfinden kann auf keiner der beiden Seiten gesprochen werden.

Sichtbare Hinweise

Geben Sie Hilfe, den Weg zu finden.

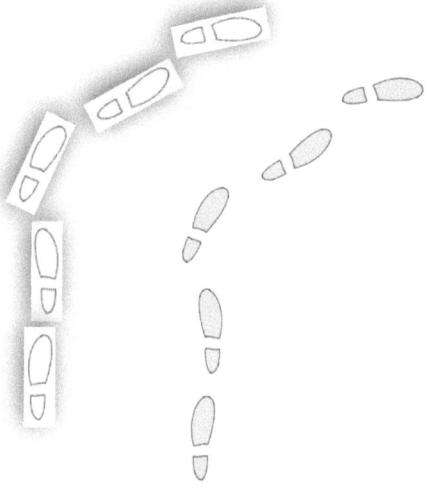

Wie vergleichbar simpel verhält sich hingegen der Veranstalter, der große, gut sichtbare Fußstapfen auf den Boden klebt, um den Besucher in die gewünschte Richtung zu lenken.

Solange es zur Umgebung und Atmosphäre passt – warum nicht?

Denkbar ist das zum Beispiel bei Großveranstaltungen in Messe- oder Kongress-Hallen, in Stadien oder Freiluftanlagen, an Flughäfen oder bei Stadtfesten.

Mit dieser Hilfe lassen sich problemlos Massen von Menschen lenken.

Und das ohne teure Beschilderung.

Unsichtbare Hinweise

Nun mögen diese Fußabdrücke an anderer Stelle recht plump erscheinen oder nicht in die Atmosphäre passen.

Das Haus der Geschichte in Bonn

Das Bonner Haus der Geschichte verhält sich hier noch geschickter.

Die ca. 7.000 Ausstellungsstücke sind neugierig machend auf mehreren ineinander übergehenden Etagen angeordnet.

Wollte sich der Besucher tatsächlich alle Ausstellungsstücke ansehen, alle Hinweise lesen, alle Filme anschauen, müsste er mehrere Tage dort verbringen.

Das kann weder im Sinn des Besuchers noch im Sinn der Ausstellungs-Macher sein.

Effektiver Besuch

Der Besucher muss demnach in einer überschaubaren Zeit durch die Ausstellung geleitet werden, sodass er den Eindruck gewinnt, die wichtigsten Stücke gesehen zu haben, ohne hundemüde umzufallen.

Denken Sie an das Lustempfinden. Sagen wir, dass der Besucher nach etwa 2 Stunden Besuch den Eindruck erhält, das Wichtigste und Interessanteste gesehen zu haben.

Die Verantwortlichen der Ausstellung gehen raffiniert vor.

Es gibt einen, nennen wir ihn mal, unsichtbaren Weg, der den Besucher leitet.

Nun hat ein unsichtbarer Weg dummerweise die Eigenschaft nicht sichtbar zu sein.

Wie schaffen es die Aussteller, den Besucher trotzdem diesen Weg folgen zu lassen?

Geschickte Platzierung der Ausstellungsstücke

Selbstverständlich lässt sich das durch raffiniert aufgebaute Trennwände und Vitrinen erreichen.

Geschickter ist, die Ausstellungsstücke so zu platzieren, dass der Blick des Besuchers in die gewünschte Richtung gelenkt wird.

Das Lenken wird auch erreicht durch die Gestaltung der Breite oder der Enge von Durchgängen/Wegen, durch eine gezielt eingesetzte Geräuschkulisse oder geschickt platziertes Licht.

Also auch durch nicht sichtbare Töne.

Kreuz und quer

Den Verantwortlichen gelingt es hier in der Ausstellung unproblematisch, den Besucher rechtsherum, linksherum, im Zick-Zack und so weiter, zu führen.

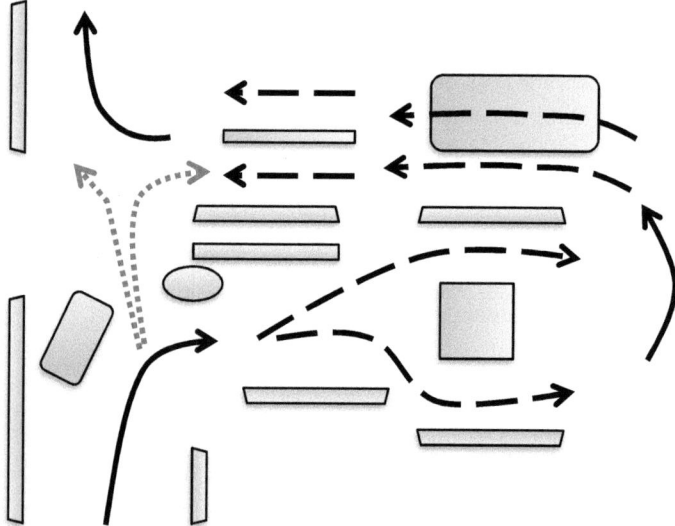

Sehr gut gemacht im Haus der Geschichte – und ist nicht nur deswegen einen Besuch wert.

Die meisten Besucher folgen dem Weg, der hier mit fetten Pfeilen gekennzeichnet ist. Die gepunktet markierte Option wird selten gewählt.

Der Besucher verlässt die Ausstellung beeindruckt und zufriedengestellt. Das Nudging hat gegriffen.

Libertärer Paternalismus

Der Vater sorgt für uns

Gleich zwei Fremdwörter, die hier das Kapitel einläuten.

Die eingangs erwähnten Autoren Richard H. Thaler und Cass Robert Sunstein haben in ihr Thema Nudging gezielt den Bereich des libertären Paternalismus eingebunden.

Beide Begriffe kommen aus der lateinischen Sprache. ‚Libertas' steht für ‚Freiheit' und ‚pater' für ‚Vater'.

Paternalismus unterstellt, dass der Vater für seine Kinder sorgt. Im übertragenen Sinne ist der Vater der Monarch, das politische Oberhaupt, die politischen Verantwortlichen. Die Kinder sind die Bürgerinnen und Bürger.

Der Vater sorgt für seine Kinder, der Staat für seine Bürger. Zumindest sollte er das tun.

Der Herrscher sorgt für das Wohlergehen

Das Wort Paternalismus bedeutet, dass ein Herrscher zum Wohle aller ihm anvertrauten Menschen handelt. Er hat aufgrund seiner Hierarchie die Macht und die Kraft Entscheidungen für den Einzelnen zu treffen.

In bestimmten Situationen kann ein Einzelner gar keine eigene Entscheidung treffen. Deshalb wählt er eine andere Person und gibt ihr sozusagen seine Stimme, in seinem Sinne zu handeln.

Es ist die Aufgabe des gewählten Vertreters dafür zu sorgen, dass es den Menschen gut geht.

Das tut er in vielfältiger Weise, weshalb die Gesetzesbücher dick und dicker werden. Aber Vorsicht und zur Erinnerung: Verbote haben beim Nudging nichts verloren!

Das Volk soll lustvoll folgen

Wie beschrieben soll so vorgegangen werden, dass das Volk das Gefühl empfindet, glücklich zu sein oder lustvoll den vorgegebenen Gedanken folgen zu können.

Der Staat hilft dem Bürger unauffällig, auf dem unsichtbaren Weg zu seinem Wohlsein zu folgen.

Der Bürger folgt und wenn es ihm nicht mehr gefällt, wählt er andere Verantwortliche, denen er dann folgen wird.

Der Staat greift dem Bürger unterstützend unter die Arme

Der Staat muss stark und vertrauenswürdig sein. Dann kann und soll er dem Bürger unterstützend unter die Arme greifen.

Im folgenden Beispiel gehen wir von dieser Annahme aus: Statistiken in vielen Ländern, denen es wirtschaftlich gut geht, haben festgestellt, dass die Menschen mehr und mehr an Gewicht zunehmen.

Gut leben und viel essen

Offensichtlich geht es der Bevölkerung so gut, dass trotz aller Sorgen das Leben kulinarisch genossen werden kann.

Es wird zu viel und teilweise auch – qualitativ betrachtet – zu schlecht gegessen. Bis dieses Verhalten nach außen durch Fettpölsterchen sichtbar wird, dauert es nur wenige Monate

Nun könnte gesagt werden, dass jeder selbst entscheidet, wie er aussehen will. Weshalb soll sich die Allgemeinheit damit beschäftigen? Das mag stimmen.

Andererseits steigert ungewollte Gewichtszunahme das Risiko für Krankheiten. Die Behandlung der Krankheiten kostet Geld.

Krankheiten kosten Geld

Um dieses Geld aufbringen zu können, gibt es verschiedene Systeme, wie zum Beispiel Krankenkassen. Steigen die Aufwendungen, müssen die Beiträge erhöht werden.

Und zwar von jedem. Das bedeutet, dass auch jener, der sehr wohl auf seine Gesundheit achtet und sich entsprechend vernünftig ernährt, ebenso am finanziellen Nachteil teilhaben wird.

So scheint es dem Staat wichtig und richtig dafür Sorge zu tragen, dass der Bevölkerung geholfen wird, sich anders ernähren zu können.

Oder Hilfestellungen zu geben, das Gewicht unter Kontrolle zu bringen.

Schlau und flott

Ein ‚schlanker‘ Staat denkt und handelt dynamischer und flotter. Sollte das zutreffen, genießen alle einen Vorteil.

Struwwelpeter – der falsche Weg

Der deutsche Psychiater Heinrich Hoffmann (1809 – 1894) ließ in seinem rebellischen Struwwelpeter den Suppen-Kaspar immer wieder ausrufen: „Ich esse keine Suppe! Nein, meine Suppe ess‘ ich nicht!" Schon am fünften Tage war er tot. So soll natürlich nicht abgenommen werden.

Die Regierung und die Fettleibigkeit

Auch die deutsche Regierung will neuen und vernünftigen Ideen nicht nachstehen.

Nachdem bereits die USA und Großbritannien Überlegungen zum Einsatz von Nudging in Regierungsprojekte durchdenken, will auch die deutsche Kanzlerin Angela Dorothea Merkel (*1954) diesen Überlegungen nicht nachstehen.

Das berichteten verschiedene Medien in den Jahren 2014 und 2015.

Der Ernährungsminister ist gefragt

Wie kriegen wir die Deutschen dazu, weniger dick zu sein?

Die Welt (17.11.2014) befragt den Bundesminister für Ernährung und Landwirtschaft Christian Schmidt (*1957), wie genau er der Initiative gegen Fettleibigkeit in Deutschland neuen Schwung verleihen will.

Er antwortet darauf: „Ein wichtiges Instrument ist das sogenannte ‚Nudging‘, auf Deutsch: ‚Anstupsen‘.

Wir können Erkenntnisse aus der Psychologie nutzen, um junge Menschen sanft zu gesünderer Ernährung zu bewegen.

Daran sollten die Schulen genauso mitwirken wie Hersteller oder Einzelhandel. Zum Beispiel lassen sich Verpackungen so gestalten, dass sie weniger anregend auf Kinder wirken.

Und es muss auch nicht unbedingt sein, dass an der Kasse immer die Süßigkeiten liegen.“

Nudging 1 gegen die Fettleibigkeit – die Grüne Ampel

Hier gibt es viel Pro und viel Contra.

Ampelsignale auf Lebensmittelverpackungen? Ist das eine gute Information für den Verbraucher? Regt es ihn an, sich gesünder zu ernähren?

So ist zur Lebensmittelampel in der Apotheken-Umschau (11.11.2014) zu lesen:

„Die Lebensmittel werden in den Ampelfarben grün, gelb und rot unterteilt. So sehen Sie auf einen Blick, welche Speisen eine günstige Energiedichte (grün) haben, welche Lebensmittel im mittleren Bereich liegen (gelb) und bei welchen hochkalorischen Speisen Sie sich lieber zügeln sollten (rot)."

Nehmen wir das in den Bereich Nudging auf, dann müsste der Effekt sein, dass der Kunde eher Lebensmittel kauft, deren Ampelsymbol auf Grün steht. Die Idee Lebensmittelampel ist schwer umstritten.

Wir sind gespannt, ob solch ein System greift.

Nudging 2 gegen die Fettleibigkeit – Die nichtansprechende Verpackung

Schauen wir die erste Überlegung an: die Verpackung.

Verständlicherweise kämpft die Lebensmittelindustrie seit Ewigkeiten darum, dass ihr Produkt in einer ansprechenden Verpackung angeboten wird.

Das Produkt oder Teile davon werden verlockend abgebildet.

Die Ware erscheint in einer harmonisch wirkenden Umgebung, farblich verlockend gestaltet.

Unabhängig davon gibt es einen Text und weitere Angaben zu dem, was den Käufer des Produktes erwarten soll.

Ansprechendes Bild

Je ansprechender das Foto, desto eher neigt der Kunde dazu, nach dieser Verpackung zu greifen. In Bruchteilen von Sekunden wird entschieden, ob sich der Kunde für das angebotene Produkt oder das des Mitbewerbers entscheidet.

Hat er die Packung schon mal in der Hand, steigt die Wahrscheinlichkeit, dass das Produkt auch im Warenkorb landen wird.

So ist es nachvollziehbar, dass ein Heer von Fachleuten genau dafür sorgt, den Kunden zugreifen zu lassen.

So weit, so nachvollziehbar und erst einmal auch legitim.

Nun kommt die andere Betrachtungsweise, die des Ernährungsministers.

Warnende Hinweise

Eine seiner Überlegungen ist es, der Verfettung der Gesellschaft entgegenzuwirken.

Natürlich könnten Verbote aufgestellt werden: „Pro Tag darfst Du nur X Portionen dieses Produktes essen!" Wie wäre solch ein Verbot kontrollierbar?

Wir wissen, dass Verbote nicht immer dazu neigen, das Gewünschte zu erreichen; manchmal erwirken Sie bedauerlicherweise auch genau das Gegenteil.

Beim Nudging wird von einer Freiwilligkeit des Konsumenten ausgegangen.

Dieser vertritt weder die Meinung, drangsaliert zu werden, noch einem Ge- oder Verbot folgen zu müssen.

Verpackung weniger attraktiv

Wird die Verpackung demnach weniger ansprechend gestaltet, fällt der Wunsch des Konsumenten, nach genau dieser Packung im Ladenregal zu greifen, schwächer aus.

Er wird das Produkt seltener essen und damit sein Körpergewicht in Grenzen halten können.

Zumindest klappt das in der Theorie.

Inwieweit sich der Konsument tatsächlich danach richtet, wird die Realität zeigen, sobald der Gesundheitsminister entsprechende Anordnungen an die Lebensmittelindustrie gegeben haben wird.

Die Realisierung wird jedenfalls einen Kraftakt darstellen.

Nudging 3 gegen die Fettleibigkeit – Der Kassenbereich

Die nächste Überlegung, die Ware aus dem Kassenbereich zu verbannen, mag denen imponieren, die deutlich auf ihre Figur achten und achten wollen.

Den meisten Menschen scheint das egal zu sein. Der Platz unmittelbar vor der Kasse ist heiß begehrt bei den Produkt-Herstellern.

Torschluss-Effekt

Hier greift der sogenannte Torschluss-Effekt. Schnell zugreifen, bevor der Kassiervorgang abgeschlossen ist.

Nudging 4 gegen die Fettleibigkeit – Treppe oder Rolltreppe

Sie steigen aus dem Zug auf den Bahnsteig. Sie begeben sich zum Ausgang.

Neben einer Treppe nach oben befindet sich eine Rolltreppe, die Sie bisher immer benutzten.

Während Sie auf die Rolltreppe zusteuern sehen Sie, dass nebenan auf den Stufenabsätzen ein Text angebracht wurde.

Beim Näherkommen können Sie lesen, was auf der ersten Stufe steht: 0,3 Kalorien verbraucht.

Auf der zweiten Stufe steht: 0,6 Kalorien verbraucht. So geht das von Stufe zu Stufe weiter. „Oh," denken Sie, „da verbrenne ich mal ein paar Kalorien und wähle den Weg über die Stufen."

Auf der obersten Stufe angekommen lesen Sie: 40. Stufe – 12 Kalorien verbraucht.

Sie sind stolz auf sich dank Ihres ‚sportlichen Engagements', sowie darauf, ein paar Kalorien verloren zu haben.

Möglicherweise werden Sie beim nächsten Mal wieder die Treppe der Rolltreppe bevorzugen.

Das Treppensteigen war eine lustvolle Aktion und wird es vielleicht in Zukunft auch. Dann hätte das Nudging in diesem Fall wunderbar gegriffen.

Nudging 5 gegen die Fettleibigkeit – Idole und Stars

Auch wäre es denkbar, dass der Ernährungsminister (oder sein Nachfolger oder seine Nachfolgerin) mit den Filmemachern spricht.

Soap-Opera

Stellen Sie sich mal vor, dass die Hauptdarsteller in Ihrer Lieblings-Soap-Opera bevorzugt gesunde Produkte verzehren.

Immer mal wieder ein Kameraschwenk in der Küche bei der Zubereitung eines leckeren Mahls oder eine schöne Szene beim Abendessen, bei dem gesunde Nahrungsmittel gezeigt werden.

Selbstverständlich darf in der Szene nur etwas Gutes gezeigt werden.

Verknüpfung zwischen Lachen und guter Nahrung

Lachen, Erfolg, Liebe und Vergleichbares werden behandelt, damit sich das Positive mit dem Genuss der gezeigten Lebensmittel verknüpft.

Der Zuschauer empfängt diese Bilder des Genusses und der positiven Situation gleichzeitig.

Ob er will oder nicht, speichert sein Gehirn genau die gezeigten Lebensmittel mit angenehmen Gefühlen.

Später, beim Einkauf, wird er beim Anblick der gesunden Lebensmittel unbewusst an die positiven Film-Szenen erinnert. Und schon greift er in die gewünschten Lebensmittelregale.

Die Szenen aus der Soap Opera haben ihn ‚angeschubst‘, andere Speisen als üblich zu kaufen und zu verzehren.

Liebe Babys: „Die Rente ist sicher."

Wir dürfen davon ausgehen, dass sich die Filmindustrie gegen eine mögliche Einflussnahme der Politik stellen wird.

In diesem Sinn weitergedacht wäre es sonst auch vorstellbar, dass wir plötzlich in allen möglichen Filmen Babys sähen.

Der Wunsch vieler – gerade jüngerer – Menschen würde geweckt, ein eigenes Kind zur Welt zu bringen.

Dann hätte der damalige Bundesminister für Arbeit und Sozialordnung Dr. Norbert Blüm (*1935) doch recht mit dem immer wieder zitierten Satz, den er am 10.10.1997 aussprach: „Die Rente ist sicher."

Vorsorge, Schutz und Sicherheit

Liebe Leserin, lieber Leser, die meisten werden nachvollziehen können, wenn Veranstalter von Events oder Ausstellungen dem Besucher helfen, sich leicht und schnell zurechtzufinden. In Notsituationen ist das überlebenswichtig.

Wir wissen aus einigen fürchterlichen Katastrophen der nahen Vergangenheit, dass die Sicherheit nicht immer gewährleistet war.

Menschen verlassen sich darauf, dass (gewählte) politische Führungskräfte ihnen die notwendige Sicherheit verschaffen, ihr Leben meistern zu können.

Der Einzelne kann nicht alles alleine entscheiden, weshalb hier eine große Verantwortung auf den Schultern jener ruht, die für das Gemeinwohl verantwortlich sind.

Wir haben am Beispiel der Fettleibigkeit gezeigt, dass die Politik viele Möglichkeiten hat, im Sinne der Gesundheit der Bevölkerung, in das Leben des Einzelnen einzugreifen.

Vielen Betroffenen ist ganz klar, dass sie sich ‚eigentlich' anders ernähren sollten, um die eigene Gesundheit nicht zu ruinieren.

Aufgrund der oben erwähnten Trägheit und Bequemlichkeit gelingt das nicht immer. Genauer gesagt, es gelingt vielen Menschen nicht.

Verbote helfen hier nur minimal – sie wären auch nicht im Sinne des Nudgings. Der erhobene Zeigefinger wird auch nicht gerne gesehen. Also müssen andere Wege gewählt werden, um helfend zu unterstützen.

Jeder noch so kleinste Schritt addiert sich zu einem Erfolg.

Wird Nudging überlegt und im Sinne der Erfinder eingesetzt, kann es tatsächlich viele Vorteile für den Einzelnen und damit für die Gesellschaft bringen. Deshalb, liebe Volksvertreter, werden oder bleiben Sie im Sinne des libertären Paternalismus aktiv.

Vielen Dank.

Ausleitung

„Fühlen Sie sich wohl?"

Liebe Leserin, lieber Leser, Sie haben sich durch den großartigen Bereich des Nudgings gearbeitet und dabei hoffentlich viele neue und für Sie wertvolle Erkenntnisse – oder sollen wir lieber sagen Anschübe – erhalten.

Angefangen hat alles mit der kleinen Fliege im Urinal, aus der ein ausgewachsener Elefant wurde.

Wir haben die Unterschiede zwischen Beeinflussung, Manipulation und Nudging deutlich gemacht.

Es wurde aufgezeigt, wie schwierig es manchmal ist, die Grenze sauber und einwandfrei zwischen diesen drei Begriffen zu ziehen.

Es wurde gezeigt, welchen Einfluss beispielsweise die Politik im Gesellschaftlichen sowie im Beruflichen haben kann.

Genau genommen gibt es unendlich viele Beispiele im tagtäglichen Leben.

Hoffentlich ist auch deutlich geworden, wieviel der fürsorgende Staat erreichen kann, wenn er im Sinne der Bevölkerung arbeitet – also Nudging einsetzt.

Da steht ihm eine ungeheure Kraft zur Verfügung. Noch einmal hoffentlich: hoffentlich missbraucht er diese Macht nicht.

Im zwischenmenschlichen Bereich unterstützen Entscheidungshilfen die Trägheit und die Bequemlichkeit, um gewünschtes Nudging zu praktizieren.

Geschickt platzierte Alternativen, raffinierte Voreinstellungen, ein Haken an der richtigen Stelle – und schon läuft alles wie gewünscht.

Abschließend soll klar geworden sein, dass ein Mensch problemlos einem unsichtbaren Weg folgen kann.

Es muss ihm nur auf andere Weise ‚die Augen' geöffnet werden.

Überlegen Sie, in welchen Fällen Sie jemanden angeschubst haben, ohne den Begriff Nudging bis dorthin gekannt zu haben.

Auf der anderen Seite sind Ihnen vielleicht auch Situationen ins Bewusstsein gekommen, in denen Sie aufgrund eines Schubses in eine bestimmte Richtung aktiv wurden.

Wie in vielen Fällen liegt es in Ihrer Hand, Nudging aktiv einzusetzen.

Guten Erfolg mit Ihrem Wissen und Ihren Fähigkeiten.

Alles Beste bis zu einem möglichen ‚Wiederlesen' in einem anderen Ratgeber unserer Reihe „Das kleine Rhetorik-Handbuch [2100]".

Horst Hanisch

Stichwortverzeichnis

Knigge als Synonym

Umgang mit Menschen

Suche weniger selbst zu glänzen, als andern Gelegenheit zu geben, sich von vorteilhaften Seiten zu zeigen, wenn Du gelobt werden und gefallen willst.

Adolph Freiherr Knigge, aus dem Buch „Über den Umgang mit Menschen",
1788
(1752 - 1796)

Schon zu seinen Lebzeiten war Adolph Freiherr Knigge (1752 – 1796) umstritten. Knigge setzte sich durch sein energisches Eintreten für die Ziele der Aufklärung, so wie er sie verstand, scharfen Angriffen aus. Er arbeitete als Romanschriftsteller und Satiriker sowie als politischer Schriftsteller. Er gehörte den Freimaurern an. Heute ist Knigge vor allem seines Buches wegen ‚Über den Umgang mit Menschen' (1788) bekannt. Und zwar deswegen, weil sein Werk als Etikette-Buch angesehen wird.

Das große Missverständnis

Knigge verdankt seinen heutigen Ruf und Erfolg aber einem Missverständnis. Denn: Das Werk Adolph Freiherr Knigges gilt als Etikette-Buch ersten Rangs. Allerdings beschreibt Knigge keine Regeln wie mit Besteck umzugehen ist oder das Verhalten bei Tisch, stattdessen offenbart er eine praktische Lebensphilosophie im Umgang mit Mitmenschen. Er gibt Anleitungen und Anregungen, wie mit seinen Mitmenschen richtig umzugehen ist. Knigge hoffte damit, dass die Menschen glücklich und froh miteinander leben könnten. Sein Buch erschien 1788 und war schon kurze Zeit in fast allen Haushalten zu finden. Auch über 200 Jahre nach Erscheinen prägt sich sein Buch im Bewusstsein der Leser als praktisches Handbuch über gutes Benehmen ein.

Über den Umgang mit Menschen

In drei Teilen seines Buches hat Knigge über den Umgang mit verschiedenen Menschengruppen geschrieben, zum Beispiel:

- Über den Umgang mit Leuten von verschiedenen Gemütsarten, Temperamenten und Stimmungen des Geistes und des Herzens (Erster Teil, 3. Kapitel)
- Über den Umgang mit Frauenzimmern (Zweiter Teil, 5. Kapitel)

- Über die Verhältnisse zwischen Herrn und Dienern (Zweiter Teil, 7. Kapitel)
- Über das Verhältnis zwischen Wohltätern und denen, welche Wohltaten empfangen; wie auch unter Lehrern und Schülern, Gläubigern und Schuldnern (Zweiter Teil, 10. Kapitel)
- Über den Umgang mit den Großen der Erde, mit Fürsten, Vornehmen und Reichen (Dritter Teil, 1. Kapitel)

Knigge heute als Synonym für Umgangsformen

Obwohl es heute klar ist, dass Knigge anderes verfolgte, als wir unter seinem Namen verstehen, soll ‚Knigge' als Synonym für den Bereich stehen, dem sich das vorliegende Handbuch widmet.

Wir behandeln das Thema Kommunikation in seinen Details. Ist das nichts anderes als der Umgang mit Menschen?

Gerade davon ausgehend, dass die zwischenmenschliche Kommunikation einen immensen Einfluss auf das Wohl und Gedeih eines Einzelnen nimmt, passt dieser Ratgeber gedanklich zu den Ideen des Freiherrn Knigge.

12 Ratgeber in der kleinen Knigge-Reihe

Der kleine ... -Knigge [2100] (Je € 9,70; 88 Seiten, 12x19 cm, kartoniert)

Anstands- und Banausen-...	Interkulturelle- und Auslands-...
Business- und Kunden-...	Bewerbungs- und Vorstellungs-...
Büro- und Kollegen-...	Event- und Feste-...
Gäste- und Gastgeber-...	Gastro- und Tischsitten-...
Gesellschafts- und Freunde-...	Speisen- und Exoten-...
Outfit- und Stil-...	Trinkkultur- und Getränke-...

12 x kleines Handbuch der Rhetorik 2100

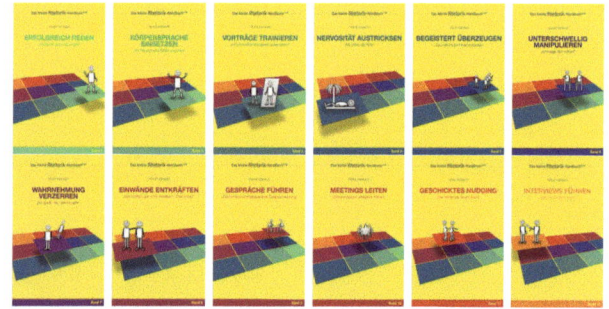

Der kleine Handbuch der Rhetorik [2100] (Je € 9,70; 100 Seiten, 12x19 cm)

Erfolgreich reden	Wahrnehmung verzerren
Körpersprache einsetzen	Einwände entkräften
Gezielt trainieren	Gespräche führen
Nervosität austricksen	Meetings leiten
Begeistert überzeugen	Geschicktes Nudging
Unterschwellig manipulieren	Interviews führen

4 Ratgeber in der Ego-Management-Reihe

Jeder Ratgeber € 14,90, 104 Seiten, A5
Persönlichkeits-Management – Ego-Knigge [2100] Soft Skills, Selbst-Reflexion und Selbst-Bewusstsein

Stress-Management – Ego-Knigge [2100] Lampenfieber, Stressoren, Gerüchte, Mobbing, Burnout, Stressvermeidung
Zeit-Management– Ego-Knigge [2100] Umgang mit der Zeit, Organisation von Arbeitsabläufen, Perfektionismus, Zielsetzung
Gedächtnis-Management – Ego-Knigge [2100] Gehirn, Intelligenz, Schwachsinn – Hochbegabung, Gedächtnis, Lerntechniken

4 Ratgeber in der Reihe Lebenseinstellung

Jeder Ratgeber € 12,95, 160 Seiten, A5
Aberglaube-Knigge [2100] Von schwarzen Katzen, der linken Hand des Teufels und den Glücksbringern

Lügen- und Egoismus-Knigge [2100] Überleben durch Flunkern, Schummeln und Täuschen! Macht, Respekt, Wertschätzung? Lebenslüge und Lebensschutz
Glücks-Knigge [2100] Vom Glücklichsein, positiven Denken und von Freundschaften
Angst- und Optimismus-Knigge [2100] Die Furcht beherrschen, Ängste nutzen und positiv durchs Leben gehen

3 Ratgeber Bräutigam, Braut, Brautpaar

Bräutigam-Knigge [2100] Verlobung und Polterabend, Schwiegereltern und das Ja-Wort, Hochzeits-Outfit und Hochzeits-Kutsche
Braut-Knigge [2100] Brautkleid und Accessoires, Das große Hochzeitsfest, Höhepunkte und Hochzeitstanz
Brautpaar-Knigge [2100] Historisches und Sonderbares, Planung und Organisation, Aberglaube und Hochzeitsbräuche
Jeder Ratgeber € 15,90, 104 Seiten, A5, kartoniert

2 Ratgeber Selbst-Coaching

Jeder Ratgeber € 12,95, 120 Seiten, A5
Selbstbewusstsein Knigge [2100] Ich bin, ich kann, ich will. Das eigene Leben bestimmen, Soft Skills, The Winner 1
Selbstwertgefühl Knigge [2100] Steh auf! – Werde aktiv! – Zeige Profil! Das eigene Leben beeinflussen, Motivation, The Winner 2

Leben und Lifestyle

Das kleine Knigge-Quiz [2100] € 9,70; 96 Seiten, 12x19 cm, kartoniert

Jugend-Knigge [2100] Knigge für junge Leute und Berufseinsteiger, € 15,90; 152 Seiten

Zukunfts-Knigge [2100] Verfall der Sitten und Verlust der Wertschätzung? Umgangsformen in 100 Jahren. Zusammenleben mit Menschen, Maschinen und menschenähnlichen Robotern, € 14,95; 172 Seiten A5 kartoniert

Hochzeits-Knigge [2100] Hochzeitsbräuche, Geschenke, Brautjungfer, Trauung, Festgäste und Festmahl, € 29,95; 310 Seiten A5

Ü65- und Senioren-Knigge [2100] Die junge Alten und die alten Jungen, Kommunikation und Verständnis zwischen den Generationen, Einsamkeit und technischer Fortschritt, € 19,95; 180 Seiten A5

Blumen-Knigge [2100] Historisches, Mystisches, Festliches, Blumen-Sprache, Umgang mit Blumen-Präsenten, € 19,95; 144 Seiten A5

Bekleidung! Ausdruck der Persönlichkeit – Lukas' Outfit-Knigge [2100], € 19,95; 196 Seiten A5

Nudel-Knigge [2100] Himmlische Teigwaren, € 17,95; 140 Seiten A5

Der Interkulturelle Kompetenz-Knigge [2100] Kultur, Kompetenz, Eindrücke – Gesten, Rituale, Zeitempfinden – Berichte, Tipps, Erlebnisse, € 29,95; 240 Seiten A5

Wertschätzung-Knigge [2100] Gleichberechtigung, Gender und Respekt, Sexuelle Orientierung, Umgang bei Diskriminierung und Mobbing, € 14,95; 152 Seiten A5

Dschungel-Knigge [2100] Umgang in ungewohnter Umgebung, € 23,95; 192 Seiten A5

Der Dicke-Knigge [2100] Aus dem prallen Leben des Dicken, € 15,90; 104 Seiten A5

Typisch Frau – Typisch Mann Knigge [2100] Unterschiede und Gemeinsamkeiten im Umgang mit dem anderen Geschlecht, € 12,95; 128 Seiten A5

Kulinarischer und Gastronomischer Knigge [2100] Von Events, Feiern, Aperitif über Esskultur, Speisen und Getränken zu zeitgemäßen Tischsitten, € 26,50; 284 Seiten A5

Klo- und Pinkel-Knigge [2100] Vom privaten und öffentlichen Bedürfnis - Umgangsformen im Tabu-Bereich, € 13,50; 104 Seiten A5

Omi hüpf' mal Märchen meiner Großmutter, Erlebnisse ihre Jugend und wahre Geschichten meines Vaters von und über Omi Rickchen, Hardcover, € 29,95; 312 Seiten

Der Hunde-Knigge [2100] Umgang mit dem Hund – Hundesprache – Der Hund in der Gesellschaft, € 17,95; 180 Seiten A5

Welcome to Germany-Knigge [2100] Umgangsformen, Verhaltensmuster und gesellschaftliches Miteinander im deutschsprachigen Europa, € 11,99; 108 Seiten A5

Besuch willkommen Knigge [2100] Einladung, Gast, Geschenk, Empfang, Feier, Gastfreundschaft, € 14,95; 200 Seiten A5

Leben, Tod und Ansichten Austausch mit Berühmtheiten über Wichtiges und Unwichtiges im Leben, € 12,95; 116 Seiten A5

Leben, Tod und Überlegungen Austausch mit Berühmtheiten über Größe, Ewigkeit und Spaß im Leben, € 12,95; 116 Seiten A5

Tod, Trauer, Totenkult-Knigge [2100] Sterben, Trost, Takt, Bestatten, Tradition, Vorsorge, Tabus, Vergänglichkeit und Sonderbares, € 17,95; 212 Seiten A5

Leben und Lifestyle

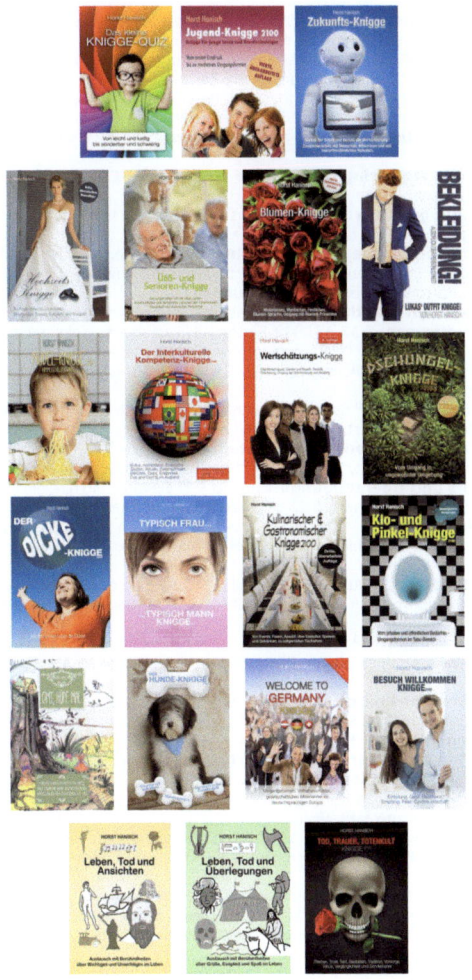

Rhetorik, Soft Skills, Hochschule, Beruf

Rhetorik ist Silber Von den ersten Schritten zu einer perfekten Präsentation, € 17,90; 144 Seiten A5, kartoniert, Zeichnungen

Moderation ist Gold Gesprächsführung, Umfragen, Talkrunden und Manipulation, € 17,90; 144 Seiten A5, kartoniert, Zeichnungen

Lebhafte Körpersprache in Vorträgen, Präsentationen, Gesprächen, € 17,90; 144 Seiten A5, kartoniert, ca. 290 Zeichnungen

Rhetoric – Mastering the Art of Persuasion, € 22,90; 144 Seiten A5, kartoniert

Discussion – Mastering the Skills of Moderation, € 22,90; 144 Seiten A5, kartoniert, Zeichnungen

Body Language in Europe, € 22,90; 144 Seiten A5, kartoniert, ca. 290 Zeichnungen

Körpersprache – Lüge, Verrat, Macht, Im Beruf, vor Gericht, beim Flirt – Gewinnerpose und Demutshaltung – Drohung und Zuneigung; € 29,95; 364 Seiten A5, kartoniert, über 400 Zeichnungen

Das große Buch der Rhetorik [2100] Tacheles reden; Präsentieren; manipulieren und überzeugen, € 37,45; 332 Seiten A5, kartoniert, viele Darstellungen

Trickreiche Rhetorik [2100] Psychologische Gesprächsführung, manipulierende Darstellung, unaufdringliches Nudging, € 37,45: 300 Seiten A5, kartoniert, Zeichnungen

Soft Skills-Knigge [2100] Soziale, Persönlichkeit, Selbstmanagement, € 37,45; 324 Seiten A5, kartoniert, viele Darstellungen

Schlagfertigkeit-, Spontaneität-, Stegreif-Knigge [2100] Impulsiv handeln, verbale Angriffe kontern, Störungen entwaffnen, € 13,50; 104 Seiten A5

Pitch Skills und Überzeugungs-Knigge [2100] Elevator Pitch, Geldgeber beeindrucken, Feuer versprühen, € 13,50; 128 Seiten A5, kartoniert

Smalltalk-Knigge [2100] Vom kleinen Gespräch bis zum charmanten Flirt - Kontakt ausbauen, Sympathie zeigen, Begehrlichkeit wecken, € 13,50; 100 Seiten A5

Quassel-Knigge [2100] Quasseln, Quatschen, Quengeln oder Lebenswichtige Kommunikation – Gezielt eingesetzte Rhetorik – Aussagekräftiges Profil zeigen, € 13,50; 112 Seiten A5

Hochschul-Knigge [2100] Studentischer Umgang in und außerhalb der Hochschule am Beispiel der Cologne Business School, 132 Seiten A5, kartoniert, Fotos

Jugend-Karriere-Knigge [2100] Schule und Studium, Netzwerk und Klüngel, Erfolg und Risiken, € 19,95; 224 Seiten A5, kartoniert, Zeichnungen, Checklisten

Bewerbungs-Knigge [2100] **für Frauen – Tina bewirbt sich / Bewerbungs-Knigge** [2100] **für Männer – Tom bewirbt sich**, Vorbereitung, Wahl der Kleidung, Verhalten beim Bewerbungsgespräch, je € 19,70; 128 Seiten A5, kartoniert, Fotos, Checklisten

Kreativitäts-Knigge [2100], Visionärhaft denken, Scheuklappen sprengen, Mentales Risiko eingehen, € 14,95; 164 Seiten A5, kartoniert

Team und Typ-Knigge [2100], Ich und Wir, Typen und Charaktere, Team-Entwicklung, € 14,95; 128 Seiten A5, kartoniert, viele Darstellungen

Die flotte Generation Y im 21. Jahrhundert, selbstbewusst – lebensbetonend – flexibel. Wie mit der Generation Y zielorientiert und erfolgreich gearbeitet werden kann, € 12,95; 116 Seiten A5, kartoniert, Zeichnungen

Die flotte Generation Z im 21. Jahrhundert, entscheidungsfreudig – effizient – eigenverantwortlich. Wie mit der Generation Z zielorientiert und erfolgreich gearbeitet werden kann, € 12,95; 140 Seiten A5, kartoniert, Zeichnungen

Rhetorik, Soft Skills, Hochschule, Beruf

Englisch:

Beratung, Coaching, Seminar

Wer hat nicht gerne mit Menschen zu tun, die selbstbewusst und selbstsicher mit anderen Menschen umgehen?

Geschäftspartnern, die die elementaren Regeln des ‚Benimms' beherrschen, stehen die Türen zum Erfolg offen.

Unternehmen, die neben ihrer fachlichen Leistung auch ‚menschlich' überzeugen wollen, bieten wir für ihre Mitarbeiterinnen und Mitarbeiter aktives Training im Umgang mit Kunden, Gästen, Kollegen und Gesprächspartnern an.

Auf unserer Website informieren wir Sie über unsere Angebote:

- Firmen-Internes-Training
→ Business-Etikette und das Lehrmenü
→ Präsentieren, Moderieren, Kommunizieren
→ Körpersprache und ihre Geheimnisse
- Offen ausgeschriebene Seminare
→ Teuflische Rhetorik
→ Flottes Reden vor und zu anderen
→ Der erste Eindruck

→ Ladies Power
- Individuelles Einzelcoaching
→ Authentisches Auftreten
→ Dress for Success
→ Verhandlungstechniken
→ Persönlichkeit
- Interkulturelles Training
- Freundlichkeits-Checks in Unternehmen
- Workshops

→ Soft Skills
→ Team-Training
- Intensiv-Training für
→ TV-Auftritte
→ Vorträge
→ Präsentationen
→ Reden
- Fachliteratur und Arbeitsunterlagen
- Vorträge/Speaker
→ Vor kleinem und vor großem Publikum

Individuelles Coaching für Einzelpersonen: Und, wer es ganz individuell mag, greift zurück auf ein Einzel-Coaching. Hier werden ganz persönliche Herausforderungen angegangen, mit Themen wie:

- Interkulturelle Kompetenz
- Selbstsicheres Auftreten
- Präsentations-Techniken
- Erfolgreiche Verhandlungsführung

- Der Erste Eindruck
- Bewerbungstraining
- Rhetorik und Überzeugungskraft

und andere Themen – direkt auf die besonderen Bedürfnisse des Einzelnen zugeschnitten. Besuchen Sie uns auf www.knigge-seminare.de